供应链间竞争：结构选择与服务决策

Competition Among Supply Chains：
Structural Selection and
Service Decision

武钰才　著

中国财经出版传媒集团

经济科学出版社
Economic Science Press

图书在版编目（CIP）数据

供应链间竞争：结构选择与服务决策/武钰才著
. -- 北京：经济科学出版社，2023.3
ISBN 978 - 7 - 5218 - 4647 - 8

Ⅰ.①供…　Ⅱ.①武…　Ⅲ.①供应链管理 - 研究
Ⅳ.①F252.1

中国国家版本馆 CIP 数据核字（2023）第 052278 号

责任编辑：李一心
责任校对：蒋子明
责任印制：范　艳

供应链间竞争：结构选择与服务决策

武钰才　著

经济科学出版社出版、发行　新华书店经销
社址：北京市海淀区阜成路甲 28 号　邮编：100142
总编部电话：010 - 88191217　发行部电话：010 - 88191522
网址：www.esp.com.cn
电子邮箱：esp@esp.com.cn
天猫网店：经济科学出版社旗舰店
网址：http://jjkxcbs.tmall.com
北京密兴印刷有限公司印装
710×1000　16 开　9.25 印张　134000 字
2023 年 7 月第 1 版　2023 年 7 月第 1 次印刷
ISBN 978 - 7 - 5218 - 4647 - 8　定价：40.00 元
（图书出现印装问题，本社负责调换。电话：010 - 88191545）
（版权所有　侵权必究　打击盗版　举报热线：010 - 88191661
QQ：2242791300　营销中心电话：010 - 88191537
电子邮箱：dbts@esp.com.cn）

序

　　当前，全球经济和运营管理正发生着深刻的变革，市场竞争的激烈程度不断加剧，供应链竞争已成为管理领域的研究热点。尤其在全球经济一体化和我国改革开放全面深化的宏观背景下，政治、经济和社会环境发生了巨大的变化，产业全面升级和企业转型发展加快，不断加剧了供给和需求两侧的不确定性，同时还要面对快速交付、压缩成本和改善服务等压力，这也对企业运作管理和决策优化提出了前所未有的挑战。基于供应链竞争网络的视角，企业不仅要面对纵向链内其他企业在品种、质量、价格、时间和服务等要素的竞争，还要兼顾同一水平其他供应链的横向竞争。同时，在运营实践中，企业与企业间单打独斗的竞争模式正逐步演变为以协同竞争和共赢为目标的供应链间竞争模式。因此，供应链间竞争研究不仅能够丰富和发展供应链管理理论研究体系，而且对于供应链管理实践指导也有着重要的现实意义。

　　本书以两条相互竞争的供应链为研究对象，从供应链结构选择和服务决策两个维度研究供应链间竞争和优化问题，试图使供应链研究范畴实现两个方面的拓展：横向上从单一链条研究延伸至两个链条间的竞争行为研究，纵向上从传统市场层面的价格决策转至运作层面的结构和服务决策。在对供应链竞争和优化决策等相关研究梳理分析的基础上，综合考虑四种供应链间和供应链内的权力类型，研究了四个平行但又相互关联的供应链竞争问题：权力对等型供应链间竞争下的最优结构选择研究、权力不对等型供应链间竞争下最优结构选择研究、制造商主导型供应链间竞争下考虑服务负溢出效应的供应链决策和零售商主导型供应链间竞争下考虑服务负溢出效应的供应链决策。主要做了如下具体工作：

　　首先，从两条供应链上的核心企业角度出发，研究权力对等型供应链间横向竞争下的最优结构选择问题。考虑两条存在竞争关系的权力对

1

等型供应链，基于经典的 Hotelling 模型分别构建制造商主导和零售商主导两种权力结构下供应链横向竞争的 Stackelberg – Nash 双层复合嵌套博弈模型。假设每条供应链有集中和分散两种结构，构建了纯集中结构（集中—集中）、混合结构（集中—分散）和纯分散结构（分散—分散）三种供应链结构组合，分别构建每种结构组合下横向链间 Nash 博弈模型并求得相应的博弈均衡解。通过对比三种博弈下的均衡解确定绩效最优的供应链结构，从而得到该博弈下的占优策略和供应链结构选择决策。同时，为进一步对比和验证制造商主导和零售商主导两种不同权力类型对该博弈和结构选择决策的影响，综合分析和比较了两种权力下的博弈均衡解和决策结果。

其次，考虑到实际中更为普遍的供应链间权力不对等的情况，进一步研究了两条权力不对等型供应链间竞争下的最优结构选择问题，构建双层 Stackelberg 嵌套博弈模型。其中，设计了四种供应链结构组合：纯集中结构（集中—集中）、领导者供应链分散而追随者集中（分散—集中）、领导者供应链集中而追随者分散（集中—分散）和纯分散结构（分散—分散）。分别构建四种结构组合下的供应链间竞争模型并求得每种竞争模型下的 Stackelberg 博弈均衡解。通过综合对比四种供应链结构组合下的均衡解，详细分析该博弈下绩效最优的供应链结构并确定了占优策略和供应链结构选择决策结果。

再次，基于外部溢出效应的发现，进一步聚焦到供应链间竞争中的溢出效应，从服务负溢出效应的视角拓展了上述研究内容与范畴。以两条权力不对等的制造商主导型竞争供应链为研究对象，假设领导者供应链提供服务，讨论了供应链间横向竞争下考虑服务负溢出效应的供应链决策问题。构建了纯集中结构（集中—集中）、领导者供应链分散而追随者集中（分散—集中）、领导者供应链集中而追随者分散（集中—分散）和纯分散结构（分散—分散）四种结构组合下的供应链间竞争模型并求得每种竞争模型下的 Stackelberg 博弈均衡解。通过博弈均衡求解和对比得到最优的决策条件，并分析了供应链间竞争程度和服务负溢出效应对供应链最优利润和服务决策的影响。

最后，进一步研究了两条权力不对等的零售商主导型竞争供应链中考虑服务负溢出的供应链决策问题，同样构建集中—集中、集中—分散、分散—集中、分散—分散四种竞争模型，并通过每种供应链结构下博弈均衡求解和对比得到最优的决策条件，并分析了供应链间竞争程度和服务负溢出效应对供应链最优决策的影响。继而与上述研究进行综合比较，以验证链内权力结构的变化是否对考虑服务负溢出效应下的博弈均衡解和供应链决策产生影响。

本书运用博弈论和决策优化等理论和方法，针对现有研究的不足，构建抽象化的博弈模型来刻画和研究实践中的供应链竞争问题，并通过优化求解和数值实验对结果加以分析和讨论，进而获得有益的结论。本书得到山西省"1331"工程山西财经大学工商管理一级学科建设项目（晋财教〔2021〕83 号）研究基金的资助，并得到山西财经大学和山西大学等团队学者们的支持和帮助，在此表示衷心的感谢！本书在编写和出版过程中得到了前辈们和同行们的支持和关心，他们提出了宝贵的建议，作者在此向他们致以由衷的感谢！

由于部分研究问题尚处研究初期的探索阶段，加之作者本身的水平有限，书中难免存在不足，敬请读者批评指正，以便在后续研究中不断改进和完善。

武钰才

2022 年 4 月 28 日

目
录
Contents

>   >   >   >   >   >

第 1 章

引　言

1.1　研究背景与意义

中美贸易摩擦、新冠疫情防控、国际冲突频发等国内外环境的剧烈变化对我国经济和生产造成严重影响，因而中央提出"六稳""六保""国内国际双循环格局""物流保通保畅"等系列积极政策和措施，从供应链的角度保障经济健康平稳发展。显然，供应链研究已成为当前政策、管理和实践等多个领域的研究热点，尤其在全球经济一体化和我国全面深化改革开放的宏观背景下，市场竞争更加激烈，技术升级换代加快，消费者对产品和服务的需求呈现个性化、多样化和动态化的特征，进而对企业产品和服务在质量、功能、创新和附加值上提出更高的要求，这也为企业运作管理和决策优化提出了前所未有的挑战。面对越来越激烈的动态复杂的市场竞争环境，企业完全依赖自身局部的单薄力量有些难以为继，过去企业与企业间单打独斗的竞争模式逐步被淘汰，取而代之的是以协同竞争和合作共赢为目标的供应链与供应链之间的竞争。因此，研究供应链竞争问题对于供应链管理理论体系的发展和丰富有着重要的贡献，对于供应链管理实践问题的指导和解决也有着关键的现实价值。

事实上，供应链竞争在如今的生产运营和管理实践中随处可见，从博弈的角度而言，按照竞争中博弈参与者的层级结构可以划分为供应链内部竞争和供应链间竞争两类。供应链内部竞争，顾名思义指的是单一供应链内部成员企业之间的竞争，主要指纵向上的竞争。一般而言，由于供应链内部各成员企业追求各自局部利益最大化，成员间往往会在利益分配、成本共担和风险分摊等问题上产生不同程度的矛盾冲突，因此供应链内部成员企业间实际上大多表现为既合作又竞争的双重关系。例如，手机行业，很多小米品牌的产品在京东和天猫等电子商务平台上出售，从这个角度而言，上游的供应商小米与下游零售商京东和天猫之间存在合作关系。同时，小米还在线下开通了实体专营店或直销体验店，从这个角度而言，面对同一消费市场，线下小米直营店与线上零售商之间存在竞争关系。再如，家电行业，海尔空调不仅要与下游大型零售商国美电器合作，同时在入场费讨价还价、定价权和营销权上又长期存在着激烈竞争。因此，研究这种供应链内部竞争与合作关系具有很重要的现实意义，在深入分析和讨论的基础上提出更好的管理策略来解决相关竞争问题，引导供应链内部实现良性竞争。此外，竞争中的权力地位也有很大的差别，供应链管理实践中通常有三种类型的权力结构：一种为制造商主导、一种为零售商主导，还有一种为制造商和零售商权力对等型。例如，国美电器与中小型电器供应商所构筑的供应链显然为零售商主导型，而汽车行业中围绕长春一汽公司构建的供应链网络则为制造商主导型，当然实际中也存在制造商和零售商权力地位对等的供应链。

相对于供应链内部竞争，供应链间竞争则通常指多条独立的供应链间的竞争，主要指横向上的竞争，其本质上为供应链上核心企业与其他供应链上核心企业间的竞争。例如，汽车行业的丰田和福特、煤炭行业的同煤集团和阳煤集团等制造商间竞争，零售行业的沃尔玛和家乐福、家电行业的国美与苏宁、电商行业的天猫和京东、外卖行业的美团和饿了么等企业间的竞争，本质上都属于以这些企业为核心的供应链间的竞争。其中，核心企业可以是制造商，也可能是零售商，这样便出现了制造商主导型供应链间竞争和零售商主导型供应链间竞争两种类型。而对于两条供应链的权力地位，又有势均力敌和一强一弱之分，即权力对等和权力不对等两种链间权力结构。

就单一供应链的结构而言，通常划分为集中式和分散式两种。集中式结构是将供应链视作一个整体进行集成化和中心化的全局最优决策，其目标是实现供应链整体绩效最优，成员企业都要以全局最优为决策目标。集中式决策通常可作为绩效改善的标杆或基准，即该模式下的决策结果为理想情况下的最好绩效。而分散式结构下供应链系统内部成员企业为独立实体，相互之间存在竞争与合作的博弈关系，决策目标是实现各自利益最大化。一般认为由于"双重边际化效应"，供应链成员企业局部利益最优和全局目标最优往往发生冲突，使供应链总体绩效和系统性能受到侵蚀，不利于整个供应链系统及其成员企业长期可持续发展。但当研究范畴从单一供应链内部竞争延伸至更为复杂的供应链间竞争时，经典的"双重边际化效应"的结论是否仍然成立？不同权力结构下同时考虑横向链间和纵向链内竞争会如何影响供应链优化决策？什么样的供应链结构所表现的绩效更优？为优化供应链绩效决策者会进行怎样的结构选择和决策？

面对这种复杂的供应链间和链内竞争，很多企业推出在线客服、售后维护、免费培训、示范体验、免费接送和配送上门等个性化服务以提升绩效并获取长期竞争优势。这种服务尽管提高了消费者效用和厂商竞争优势，但同时也会出现搭便车行为或负溢出效应，可能损害服务提供方的利益。这种服务负溢出现象如何影响供应链的优化和决策？这种影响在不同的供应链竞争结构下是否存在差异？进而，当同时考虑服务负溢出效应与供应链内外竞争时，供应链及成员企业如何进行决策可实现最优绩效？此时供应链间竞争强度又会如何影响供应链决策？这些问题的研究具有重要的理论和现实意义。

总之，在复杂的供应链竞争中企业如何保持长期可持续的竞争优势，供应链间和链内不同权力结构下供应链及其成员企业如何进行最优决策以提升企业或所在供应链的竞争实力，这些问题已然成为当前供应链和企业必须面对和亟待解决的困难，具有重要的研究前景和广泛的拓展空间。因此，本书在已有研究的基础上针对不同链内和链间权力结构下的供应链竞争问题，构建了相应的供应链竞争博弈模型来研究供应链结构选择和服务决策。通过均衡优化求解和比较分析得到了相关结果和结论，并结合生产管理实践提出了相应的决策建议和管理启示。本书不仅从理论上丰富和发展了现有供应链竞争的研究框架与具体问题，同时更加关注供应链实践应用中亟待解决的问题，通过研究分析揭示了新的思路和规律，为相关决策问题的解决提供了重要的理论指导和应对策略，具有一定的理论贡献和应用价值。

1.2　研究内容与研究方法

自 20 世纪 80 年代提出至今，供应链管理的相关研究正成为生产运营与管理科学等领域的重要内容。无论国内还是国外，不论企业实践还是理论研究，对于这一主题的探讨层出不穷，成果累累。

本书在供应链间竞争研究时从结构选择和服务决策这两个方面入手，基于供应链间和供应链内部两个维度的权力结构考虑，重点研究链间权力对等情况下的供应链结构选择、链间权力不对等情况下的供应链最优结构选择、制造商主导型供应链间竞争下考虑负溢出效应的供应链服务决策和零售商占主导地位时考虑服务负溢出效应的供应链决策四个问题。具体如下：

首先，从两条供应链上的核心企业角度出发，研究权力对等型供应链间横向竞争下的最优结构选择问题。考虑两条存在竞争关系的权力对等型供应链，基于经典的 Hotelling 模型构建制造商主导和零售商主导两种权力结构下供应链横向竞争的 Stackelberg – Nash 双层复合嵌套博弈模型。假设每条供应链有集中和分散两种结构，构建了纯集中结构（集中—集中）、混合结构（集中—分散）和纯分散结构（分散—分散）三种供应链结构组合，分别构建三种供应链结构组合下横向链间 Nash

博弈模型并求得每种结构下的均衡解。通过对比三种博弈下的均衡解确定绩效最优的供应链结构，从而得到该博弈下的占优策略和供应链结构选择决策。同时，为进一步验证和对比制造商主导和零售商主导两种不同权力对供应链横向竞争博弈均衡解和结构选择的影响，综合分析和比较了两种权力下的供应链间横向 Nash 竞争博弈。具体探讨了这些问题：供应链间 Nash 竞争下，究竟哪种供应链结构或结构组合下绩效最优？该竞争的具体博弈过程是什么？该博弈的稳态和决策者的占优策略是什么？供应链间竞争程度如何影响这一博弈均衡结果及结构选择决策？另外，通过链间 MS 和 RS 两种权力情况比较，回答当供应链内权力地位发生变化后上述问题的结果是否会发生变化、具体变化是什么，以及两种权力下的均衡结果有何异同。

其次，考虑到实际中更为普遍的供应链间权力不对等的情况，进一步研究了两条权力不对等型供应链间竞争下的最优结构选择问题，构建双层 Stackelberg 嵌套博弈模型。其中，设计了四种供应链结构组合：纯集中结构（集中—集中）、领导者供应链分散而追随者集中（分散—集中）、领导者供应链集中而追随者分散（集中—分散）和纯分散结构（分散—分散）。分别构建四种结构组合下的供应链间竞争模型并求得每种竞争模型下的 Stackelberg 博弈均衡解。通过综合对比四种供应链结构组合下的博弈均衡解，详细分析该博弈下绩效最优的供应链结构并确定了占优策略和供应链结构选择决策结果。探讨了这些问题：供应链间 Stackelberg 竞争下，哪种供应链结构或结构组合下的绩效最优？该竞争的具体博弈过程是什么？该博弈的稳态和决策者的占优策略是什么？供应链间竞争强度如何影响这一博弈均衡结果及结构选择决策？另外，通过与链间权力对等的情况比较，回答当供应链间权力地位发生变化后上述问题的结果是否会发生变化？具体变化是什么？

再次，进一步聚焦到供应链间竞争中的溢出效应，从服务负溢出效应的视角拓展了上述研究内容与范畴。以两条权力不对等的制造商主导型竞争供应链为研究对象，假设领导者供应链提供服务，讨论了供应链间横向 Stackelberg 竞争下考虑服务负溢出效应的供应链决策问题。构建了纯集中结构（集中—集中）、领导者供应链分散而追随者集中（分散—集中）、领导者供应链集中而追随者分散（集中—分散）和纯分散结构（分散—分散）四种结构组合下的供应链间竞争模型并求得每种竞争模型下的 Stackelberg 博弈均衡解。通过博弈均衡求解和对比得到最优的决策条件，试图回答这些问题：每种供应链结构下的博弈均衡解是什么？哪种结构下的供应链绩效最优？当结构发生变化时供应链绩效会发生什么样的变化？服务负溢出效应如何影响供应链最优决策？对服务提供者会产生怎样的影响？对未提供服务一方的影响又如何？这种影响在不同供应链结构中是否存在差异？供应链间竞争强度如何影响供应链最优利润和服务水平决策？

最后，在上述研究基础上进一步讨论了两条权力不对等的零售商主导型竞争供应链中考虑服务负溢出的供应链决策问题，同样构建了集中—集中、集中—分散、分散—集中、分散—分散四种竞争模型，并通过博弈均衡求解和对比得到最优的决策条件，并分析了供应链间竞争程度和服务负溢出效应对供应链最优决策和服务水平决策的影响。继而与上述研究进行综合比较，以验证链内权力结构的变化是否对服务负溢出效应下的博弈均衡解和供应链决策产生影响，以及回答当供应链内权力地位发生变化后上述问题的结果是否会发生变化，以及其具体变化是什么？

本书所用的研究方法主要如下：

（1）文献研究法。本研究基于大量现有文献研究，通过梳理现有国内外相关文献，总结文献的局限性和不足之处，结合运营管理实践中的现实问题，从新的视角出发，构建研究模型以分析现实中亟待解决的相关问题。

（2）定量分析法。本书主要通过博弈论的相关方法，构建了 Stackelberg、Nash 等博弈模型，利用优化方法计算得到相关博弈模型下的均衡解，并通过算例和数值实验等手段展开进一步的相关决策分析。

（3）比较分析法。对不同供应链结构和竞争模型下的均衡解做了充分的比较分析，从而得到最优决策结果及相关条件。进一步，利用数值分析对均衡解作了具体的比较和讨论，更好地突出关键变量的变动对决策的影响。

1.3 研究思路和研究特色

本书整体研究思路和技术路线如图 1.1 所示。

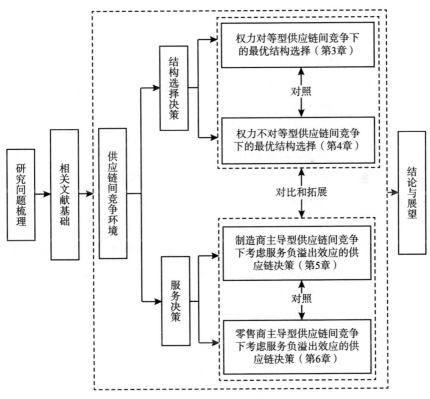

图 1.1 本书技术路线

具体的研究框架中包含以下几部分内容。

第1章为引言部分。通过梳理相关研究背景引出本书的研究主题，突出本研究的意义和价值，提出本书所涵盖的主要研究内容和所使用的具体研究方法，并阐述本书的整体研究思路和研究特色。

第2章为研究概述。围绕供应链竞争和服务决策的研究主题，从供应链内部竞争、供应链间竞争、供应链服务及溢出效应和供应链结构选择四个方面展开相关研究的梳理，并对现有研究作了总结和述评。

第3章为研究权力对等型供应链间横向竞争下的最优结构选择问题。基于经典的 Hotelling 模型构建制造商主导和零售商主导两种权力结构下供应链横向竞争的 Stackelberg – Nash 双层复合嵌套博弈模型，设计了纯集中结构（集中—集中）、混合结构（集中—分散）和纯分散结构（分散—分散）三种供应链结构组合，分别构建三种供应链结构组合下横向链间 Nash 博弈模型并求得每种结构下的均衡解。最后，通过对比三种博弈模型下的均衡解来确定绩效最优的供应链结构，得到该博弈下的占优策略和供应链结构选择决策。

第4章为研究了两条权力不对等型供应链间竞争下的最优结构选择问题，构建双层 Stackelberg 嵌套博弈模型。设计了四种供应链结构组合：纯集中结构（集中—集中）、领导者供应链分散而追随者集中（分散—集中）、领导者供应链集中而追随者分散（集中—分散）和纯分散结构（分散—分散）。分别构建四种结构组合下的供应链间竞争模型并求得每种竞争模型下的 Stackelberg 博弈均衡解。通过综合对比四种供应链结构组合下的博弈均衡解，详细分析该博弈下绩效最优的供应链结构并确定了占优策略和供应链结构选择决策结果。之后，通过数值实验具体分析了供应链间竞争程度的变化如何影响两条供应链的最优利润。最后，梳理总结本章的研究结论并提出相关的管理启示和决策建议。

第5章为研究制造商主导型供应链间竞争下考虑服务负溢出效应的供应链决策问题。以两条权力不对等的制造商主导型竞争供应链为研究对象，假设领导者供应链提供服务，讨论了供应链间横向竞争下考虑服务负溢出效应的供应链决策问题。构建了纯集中结构（集中—集中）、领导者供应链分散而追随者集中（分散—集中）、领导者供应链集中而追随者分散（集中—分散）和纯分散结构（分散—分散）四种结构组合下的供应链间竞争模型并求得每种竞争模型下的 Stackelberg 博弈均衡解。通过博弈均衡求解和对比得到最优利润和服务水平的决策条件，并分析了供应链间竞争程度和服务负溢出效应对供应链最优决策的影响。同时，利用数值实验具体分析了供应链间竞争程度和服务负溢出系数的变化如何影响两条供应链的最优利润和服务水平。最后，梳理总结本章的研究结论并提出相关的管理启示和决策建议。

第 6 章为研究制造商主导型供应链间竞争下考虑服务负溢出效应的供应链决策问题。同样构建集中—集中、分散—集中、集中—分散、分散—分散四种竞争模型，通过博弈均衡求解和对比得到最优的决策条件，并分析了供应链间竞争程度和服务负溢出效应对供应链最优决策的影响。之后，利用数值实验具体分析了供应链间竞争程度和服务负溢出系数的变化如何影响两条供应链的最优利润。继而，将本章结果与第 4 章进行综合比较，以验证链内权力结构的变化是否对服务负溢出效应下的博弈均衡解和供应链决策产生影响。最后，梳理总结本章的研究结论并提出相关的管理启示和决策建议。

第 7 章为结论与展望部分，梳理和总结全文内容及主要结论，提出相应的管理决策建议，指出本研究的局限之处，并对未来可进一步展开的研究方向做了展望。

本书在现有关于供应链间竞争问题研究的基础上，对供应链结构和服务决策展开了进一步研究，对相关问题做了深化和拓展研究，主要的研究特色体现在如下几个方面：

（1）研究视角上，将研究视角从单一供应链内部纵向竞争拓展至两条独立的供应链与供应链间横向竞争，使供应链研究范畴从横向上得到了发展。现有大多文献集中于供应链内部上下游节点企业间纵向竞争关系或竞争行为的研究，而对供应链间横向竞争的研究比较有限。事实上，随着全球经济一体化的深入发展和企业竞争的复杂化，传统企业与企业间单打独斗的竞争模式正逐渐演变为现代供应链与供应链间的综合复杂竞争模式。本研究从现实背景出发，不仅考虑了供应链内部竞争，还进一步深入拓展了更切合现实、更具应用价值的供应链间竞争研究，研究视角与现有文献有所不同。

（2）研究内容上，本书在供应链间竞争环境中研究了供应链结构选择、服务负溢出效应和相关优化决策问题，不仅考虑了市场层面的定价决策，而且关注了运作层面的结构选择和服务决策。现有文献对此问题关注不足，大多文献则基于双渠道供应链从价格、质量、品牌、库存、协调等角度来研究供应链竞争行为和机制。然而，实际上，供应链结构选择或渠道优化也是现实中需要深入探讨的问题，同时，服务负溢出效应如何影响供应链竞争行为和决策优化结果也需要展开进一步研究。本书正是基于实际需要对此问题进行了博弈模型构建，研究了多种链间和链内权力下供应链间竞争中的结构选择和服务决策问题，使得供应链研究内容在纵向上得以进一步发展，即从市场层面的供应链间价格、质量等竞争转向运作层面的结构、服务等决策，研究内容上与现有文献相比有所拓展和深入。

（3）博弈权力上，本书不仅考虑了供应链内部企业间的权力地位，同时还考虑了供应链间的权力地位。具体而言，链内权力上考虑了制造商主导型（MS）、零售商主导（RS）两种情况，链间权力上同时考虑了权力对等和一强一弱的情况。而现有相关文献在链内权力相对单一，仅考虑其中一种，在链间权力上大多仅考虑了两条链权力对等的情况，忽视了权力不对等的情况。然而，实际上供应链和企业竞争中权力不对等的情形随处可见。因此，展开这种存在强弱关系的供应链间竞争研究具有很重要的现实意义，本书对此进行了深入研究，具有重要的理论贡献和应用价值。

（4）模型构建上，本书基于研究问题的需要构建了 Hotelling 模型、两层 Stackelberg 嵌套博弈模型和 Nash – Stackelberg 嵌套博弈模型三种，而现有文献中的博弈模型大多为单一 Nash 博弈、单一 Stackelberg 或单一 Cournot 竞争模型。本书在博弈模型构建和优化求解上对此类供应链间竞争问题的研究提供了理论参考，具有一定的理论贡献和参照价值。

综上所述，本书基于现有供应链竞争研究对不同权力下供应链间竞争中的结构选择和服务决策展开了拓展研究，从理论上丰富了现有供应链竞争的研究框架和内容，同时也为供应链实践中的相关问题提供了一定的理论指导和参考，具有一定的理论意义和应用价值。

第2章

供应链竞争和服务决策研究概述

自20世纪80年代提出至今，供应链管理的相关研究正成为生产运营与管理科学等领域的重要内容。无论国内还是国外，不论企业实践还是理论研究，对于这一主题的探讨层出不穷，成果累累。其中，关注最多、最为成熟的是单一链条内部各节点企业的竞争协调问题，如库存优化、生产计划协调、信息共享、知识传播以及配套契约等激励机制的设计和机理研究。而供应链管理研究中不可避免地要涉及两个基本概念，即集中式和分散式。

从优化的角度而言，集中式（centralized or integrated）决策本质上是将供应链视作一个整体进行集中化、中心化的全局最优决策，其目标是实现供应链整体绩效最优，成员企业都要以全局最优为决策目标。集中式决策通常可作为绩效改善的标杆或基准（benchmark），即该模式下的均衡解为理想情况下的最好绩效（best case performance）。该模式下基于一种理想化的假设，即要求供应链成员完全合作，一切决策以整体利益最大化为原则。然而，生产实践中，构成供应链系统的内部各成员企业显然为独立的子实体，相互之间普遍存在各种竞争与合作的博弈关系，由于理性人的经济学假设，它们首先要满足各自利益最大化，之后才会考虑供应链整体绩效。这种更一般化的供应链模式称为分散式或分布式（decentralized）决策，即考虑到非合作和有限竞争的因素，成员企业间相互博弈，独立行动，其首要目标为实现自身利润最大化。该类竞争统称为链内竞争（intra-chain competition）。

分散式决策和集中式决策相比，便出现了一个著名的理论发现——"双重边际化效应"（double marginalization）。具体指分散式供应链中，上下游企业为实现自身利润最大化各自加价（即两次边际化）使供应链整体的最优订货量和利润比集中式决策下低。通常认为双重边际化效应是导致渠道冲突、恶性竞争的根本原因。

由于供应链内部各成员追求各自局部利益最大化，成员间经常会在利益分配、风险分摊等问题上引发不同程度的矛盾冲突，进而使供应链整体绩效和系统性能受到侵害，不利于整个供应链系统及其成员企业长期可持续发展。因此，学者们开始提出一些激励机制和合作机制来对供应链内部成员企业进行优化控制，以使各成员节点的目标符合供应链整体目标，从而实现供应链协调（supply chain coordination）。其中，最重要的激励机制之一便是供应链契约或合同（contract），大量文献对此做了研究，并形成了几个比较成熟的经典契约，如批发价格契约、收益共享契约、利润共享契约、数量折扣契约、二部定价契约和回购契约等。这些契约设计的出发点是为了实现帕累托（pareto）改进或供应链协调，本质上都是为了促成节点企业间的合作。

接下来分别从供应链内部竞争、供应链间竞争、供应链服务及溢出效应和供应链结构选择四个方面对国内外相关研究进行梳理和总结。

2.1　供应链内部竞争研究

单一供应链内竞争研究的范畴比较广，涉及的内容相对较多，相关研究成果也比较成熟和系统。该类问题囊括的供应链研究内容比较丰富，例如，由单一制造商和单一零售商构成的最基本的二级供应链内部两个上下游节点企业间在库存优化、利润分配等方面的竞争，根据博弈双方的权力或议价能力可能包含制造商主导、零售商主导和权力对等三种类型的竞争；由一个主导的上游制造商和两个以上的下游零售商、由一个主导的下游零售商和多个上游制造商或由多个上游制造商和多个下游零售商构成的供应链系统，探讨多个横向成员节点间的竞争和纵向上下游成员节点间的竞争问题；之后出现的双渠道供应链结构，通常由一条传统零售渠道和一条并行的电子直销渠道构成，研究两条产品销售渠道间订单分配、利润协调优化和溢出效应等问题；包括闭环供应链内正向与逆向的竞争问题也可纳入广义的供应链内竞争的范畴。

单一链条内部竞争的研究方法也比较成熟，主要是通过博弈论和运筹学的方法进行优化竞争、合作、协调、契约设计等研究，但研究视角和主题相对丰富。

首先，研究主题主要包含供应链管理中的渠道结构或渠道决策[1-3]，库存优化[4-6]，竞争[7-8]，协调[9-11]，信息共享[12-14]，节点设施选址[15-19]等问题。

其次，也有学者结合前景理论等行为经济学和行为运筹学的内容，放松决策者风险中性和完全理性人等假设，考虑决策者的偏好问题，如风险规避[20-28]、风险激进[29]、公平偏好[30-44]、绿色偏好[45-48]、利他偏好[49-62]，通过博弈方法或实验经济学等方法对现有风险中性假设下的经典理论进行修正和解释，或提出一套全新的决策模型。

近年来，还有部分学者考虑供应链供需两侧的扰动和中断等因素[63-70]，从这些视角着手对供应链内竞争的相关问题展开了探讨和分析。

总之，供应链内部竞争的研究是供应链间竞争的基础，也是本书竞争模型研究的基础，但并不是本书中最关键和最核心的研究内容，因此不再对该部分内容展开详细的论述和分析。

2.2　供应链间竞争研究

近年来，随着研究的深入和实践的不断丰富，学者们将供应链竞争研究的范畴进一步拓展，在供应链内部竞争研究的基础上将视角延伸至供应链间竞争。赖斯和霍普（Rice & Hoppe）[71]、拉哈尔等（Lakhal et al.）[72]较早对此问题展开了探讨，认为在经济全球化一体化的背景下，企业竞争优势不再仅仅由自身竞争地位决定，更直接受到企业所在供应链竞争优势的影响，并构建了通用的网络模型结构来优化供应链。励凌峰等[73]也从供应链的视角出发，认为传统的双寡头垄断竞争本质上为两条供应链间的竞争，通过构建链间横向竞争博弈模型对比了并购前后的供应链绩效，分析了合约对供应链结构、权力及利润的定量影响。

基于上述基础性研究的工作，黎继子等[74-76]以集群式供应链为对象研究了链间动态博弈合作与库存协调，模型中假定集群式供应链由两条二级供应链构成，产品完全可替代，当某一链条库存告急时通过转运补充机制进行跨链合作，并利用系统优化理论实现降低库存水平和提高利润水平的目标。刘春玲等[77]进一步从跨国企业嵌入的角度对此问题作了拓展研究，在考虑汇率的基础上构建了嵌入前后新旧供应链间动态竞争的集群式网络模型。而艾兴政等[78-79]则考虑了供应链环境的不确定性因素，从纵向控制和企业联盟的角度对供应链间价格竞争的相关问题展开了研究，认为当前企业竞争正由单个企业间竞争转向供应链间竞争，通过博弈模型优化揭示了竞争程度和价格波动风险对供应链结构和绩效的影响，并利用收益共享契约实现了帕累托绩效改进。在此基础上，赵海霞等[80-83]从制造商规模不经济的视角进行了链间竞争的契约研究拓展，分别通过两部定价合同、数量折扣合同、利润分享合同和固定加价合同实现了供应链纵向协调，使供应链系统的绩效得到帕累托改进。刘晓婧等[84]进一步以两条制造商主导型二级供应链为研究对象，从网络外部性的视角对链间竞争纵向联盟问题做了拓展研究，并引入收益共享契约实现供应链纵向协调。

随着供应链研究的深入，也有学者从新的角度或更复杂的方法上对供应链间竞争问题进行分析。徐兵和朱道立[85]通过超网络方法研究了两条权力对等型二级供应链间的竞争结构，并引入收益共享契约实现了链内成员间的协调。但研究发现协调供应链的竞争结果很可能陷入"囚徒困境"。之后，徐兵和孙刚[86]在此模型基础上进一步拓展，考虑了需求依赖于货架展示量的现实情况，分析了同时集中（II）、同时分散（DD）和混合结构（DI）三种模式下的博弈均衡，并通过线性补贴契约和利润共享契约实现了供应链协调。结果发现当供应链间存在竞争时，尽管协调是占优策略，但可能导致囚徒困境，即供应链协调时的利润低于未协调情况。

除了上述单一的价格竞争或质量竞争外，还有一些学者考虑了其他竞争因素或同时考虑多种竞争因素。如鲁其辉和朱道立[87]同时考虑质量和价格两种竞争因素，设计了无协调、混合模式和完全协调等三种情景，通过对比分析三种情景下的博弈均衡解发现：无论哪种情景下，协调均为两条供应链的占优策略，但协调情景下产品平均质量和顾客总量得到了提升，但使竞争也变得更加强烈。同时，协调情景下的供应链利润可能低于无协调情景从而陷入囚徒困境。该发现也验证了文献［85－86］中"囚徒困境"的结论。柏雅思和加列戈（Boyaci & Gallego）[88]进一步考虑了两条分别由单一批发商和零售商构成的竞争供应链来研究顾客服务竞争，在两条渠道产品零售价格相等的假设前提下设置了协调、不协调和部分协调三种情景，对比分析发现协调是供应链的占优策略，但该策略行为往往演变为囚徒困境，从而使顾客受益。而杨晓艳和陈杰[89]在研究供应链间竞争时则侧重于关注知识共享环节的竞争，以两条制造商主导型二级供应链为研究对象，构建知识流无协调、混合协调和完全协调三种情景，通过优化求解发现知识流协调为每种情景下供应链的占优策略，并且共享成本优势越大，协调情景下的利润水平越高。此外，马琼德和斯里尼瓦森（Majumder & Srinivasan）[90]、艾伯特和唐（Albert & Tong）[91]均通过构建古诺（Cournot）模型来研究供应链间竞争。其中，马琼德和斯里尼瓦森探讨了供应链网络中的领导力和竞争问题，分析发现，竞争环境下的供应链绩效不仅受本身结构的影响，同时还与领导力紧密关联，艾伯特和唐则对两条分别由单一制造商和单一零售商构成的二级供应链竞争中的信息共享和契约设计进行了探讨，认为供应链竞争的占优策略为不进行信息共享投资，但其模型中信息完全对称的假设存在一定的局限性。李娟等[92]则基于品牌竞争的视角研究了供应链间竞争下的库存管理策略，对比分析了供应商管理库存（VMI）和零售商管理库存（RMI）两种典型库存管理方式下的供应链绩效。胡引霞和滕春贤[93]对供应链与供应链竞争的相关概念做了梳理和重新定义，通过变分不等式和空间价格等理论方法构建了电子商务的供应链竞争模型。张汉江和原作芳[94]认为供应链间竞争更切合产业组织发展的实际需要，在竞争模型构建时一改以往的线性市场需求函数，引入幂指数形式的需求函数分析了供应商主导和零售商主导两种权力结构下的供应链绩效，发现了有悖于通常认为的"先发优势"理论，即先行行动的企业并不总是具备先发优势，甚至在竞争中获得的绩效更差。孟庆春和李慧慧[95]从产销合一的视角构建了链间古诺（Cournot）竞争的供应链价值优化模型，分析了企业联盟关系、联盟价值和消费者价值等问题。肖和杨（Xiao & Yang）[96]研究了需求不确定的情况下的供应链价格和服务竞争模型，其中，假设零售商具有风险规避偏好而制造商为风险中性，分析了零售商风险敏感性对最优决策的影响，发现风险敏感性越高，最优服务水平和零售价格越低。对制造商而言，大多情况下最优批发价格随着零售商风险敏感性的增大而减小，但当产品可替代性足够小时则会出现先增后减的趋势。

上述研究供应链间竞争的文献大多假设供应链与供应链之间权力对等，也有学者放宽这一假设，即考虑了链与链之间权力地位不对等的情况。如李柏勋等[97]考虑了两条供应链间存在权力不对等的情况，构建了链间 Stackelberg 博弈模型和链内分散—分散、分散—集中、集中—分散、集中—集中四种决策结构，通过均衡解比较发现，领导者供应链的占优策略是集中决策，而追随者供应链的占优策略不仅取决于领导者的选择，还与链间竞争程度密切相关，当竞争度低时，集中—集中为重复博弈的均衡策略，竞争激烈时分散—分散为多次重复博弈的均衡策略。李柏勋和林洁[98]在文献［97］的基础上进一步引入服务竞争，但权力设计更侧重链内结构，即链间为权力对等而链内设定了制造商主导（MS）、零售商主导（RS）和权力对等（VN）三种权力结构，分别构建了 Stackelberg 博弈、Nash 博弈和 Stackelberg – Nash 博弈三种决策模式，并通过均衡求解与比较进一步分析了竞争程度和权力对供应链绩效的影响。

另外，由于两条供应链间的竞争本质上是两个寡头联盟间的竞争，当两条供应链或两个寡头企业联盟间权力对等时便符合经典的 Hotelling 模型假设，因此也有学者基于此模型进行讨论。如杨道箭和白寅[99]以两条零售商主导型供应链为研究对象，引入利润分享契约分析核心企业间的竞争与分散决策，发现分散式结构下的供应链利润水平比集中式高。武钰才等[100]则对两个核心上游制造商为主导的供应链间的企业竞争与供应链结构选择问题进行了研究，通过引入收益共享契约构建了集中—集中（CC）、集中—分散（CD）和分散—分散（DD）三种博弈结构，通过优化求解和对比分析发现了有悖于经典"双重边际化效应"的结论，与集中式相比，分散式供应链具有一定的结构优势，在提升自身供应链绩效的同时能产生一定的正网络外部性，从而促进竞争者供应链的绩效提升。这也从分散式供应链结构优势的角度解释了管理实践中的第三方外包问题。进一步，武等（Wu et al.）[101]同时考虑了两条权力对等的制造商主导型供应链（MS）和两条权力对等的零售商主导型供应链（RS）间的竞争模式，构建了两种模式下的 CC、CD 和 DD 三种决策结构的竞争博弈模型来研究供应链结构选择和企业外包问题，通过对比两种权力下三种供应链竞争的均衡解发现，同时集中和同时分散是该博弈的稳态，同样发现了"双重边际化"悖论，再次验证了供应链竞争网络间的正溢出效应。王聪和杨德礼[102]则从链间竞争的视角研究了线上线下同价策略问题，通过 Hotelling 模型构建了 CC 和 DC 两种模式，对比发现同价策略会使产品零售价格增大，直接导致消费者剩余的下降。

此外，章定和郭捷[103]从供应链结构、数学模型和应用三个方向梳理了供应链间竞争的发展，总结了目前主要研究的内容和已取得的部分成果，认为目前的研究大多局限于对称型竞争模型，并且集中在二级或三级供应链网络，并指出未来供应链间竞争可能会更加激烈，内容和形式也会更加多样化，对目前的供应链研究无论从模型上还是理论上都提出了新的挑战，这一研究主题和方向也需要越来越多人的关注和跟进。周茂森和但斌[104]研究了供应链间竞争下考虑规模经济的集中采购问题，并对比提出了批发价格契约、收益共享契约和两部收费制契约等三种契约形式在供应链协调上的具体条件。李凯等[105]基于链间竞争视角，研究了制造商线性定价、两部收费制和转售价格维持（RPM）等三种定价策略，并通过模型优化得到选择每种定价形式的定量条件。

2.3　供应链服务及溢出效应研究

供应链本质上也是一种服务，这也是近年来很多学者认为供应链应该在物流、信息流和资金流等传统"三大流"的基础上引入"服务流"成为新的"四大流"的主要原因。而供应链管理中也有大量关于服务决策、服务努力和服务策略等主题的研究。如肖剑等[106]研究了双渠道供应链的服务合作定价策略，基于制造商和零售商间的不同权力地位分别构建了 Stackelberg 和 Bertrand 两种情景下的竞争模型，研究发现，权力不对等情景下的最优产品价格低于权力对等情景。许明星和王健[107]同样设计上述两种情景下的博弈模型，认为制造商和零售商可以就服务问题展开合作和分工，如零售商提供消费者体验和品牌营销，制造商产品搜索和售后支持等服务。库雷托和南姆（Kurata & Nam）[108]在服务水平决策时考虑了管理实践中的两类顾客，一种仅享受基本的免费售后服务，一种享受更高质量的额外收费售后服务，针对五种权力结构建立了五个对应的博弈模型，之后库雷托和南姆[109]进一步引入需求不确定性拓展了该模型，并给出相关的管理启示。而但斌等[110]进一步考虑了消费者偏好和产品异质性，对比分析了集中式和分散式供应链结构下制造商服务努力对最优决策的影响，并通过两部收费制契约实现了供应链完美协调。施涛和许建雷[111]则考虑到服务正外部性可能使服务提供意愿不足，继而对供应商是否引入网络直销模式的决策问题展开研究，结果发现引入直销会减弱对零售商提供服务的激励作用，并提出有关应对策略。

近年来，易余胤等[112]在考虑网络外部性和权力结构的基础上构建了供应链延保服务博弈模型，对比了制造商主导零售商提供服务（MR）、制造商主导制造商提供服务（MM）、零售商主导制造商提供服务（RM）和零售商主导零售商提供服务（RR）四种延保模式下的均衡解，得到了最优延保模式的具体范围和条件。王玉燕和于兆青[113]则研究了两条渠道构成的混合供应链系统，其中一条为简单二级供应链，另一条为制造商和网络平台构成的 E - 供应链，这两条链的消费者分别为普通型和偏好网购型，并根据权力结构设计了四种竞争模式：制造商主导（M - M - HSC）、网络平台主导 E - 供应链且制造商主导传统供应链（N - M - HSC）、制造商主导 E - 供应链且零售商主导传统供应链（M - R - HSC）和网络平台主导 E - 供应链且零售商主导传统供应链（N - R - HSC），通过优化求解得到每种模式下的最优决策。但等（Dan et al.）[114]则研究了双渠道供应链中的增值服务决策，假设制造商提供服务，通过比较发现，增值服务竞争随服务水平的提高而减弱，当服务水平超过某一阈值时竞争完全消失，同时，制造商议价权力越强或服务竞争越强，越能激励制造商提高服务水平。

上述供应链服务竞争的文献中，大多停留在产品价格层面的竞争。而近年来，随着供应链竞争和供应链服务研究的发展，有些学者认为供应链管理中传统价格竞争模式将逐渐被服务竞争取代[115]。因此，也有学者同时考虑价格和服务竞争。如丁锋和霍佳震[116]同时考虑服务和价格双重因素的竞争，研究了双渠道供应链中传统零售商和电子零售商合作（RC）与不合作（NC）两种情况下的优化协调问题，并发现竞争渠道间存在一定的溢出效应。张学龙和王军进[117]同样也考虑了服务和价格两种竞争，分析了集中式、分散式和协调三种情况下的均衡解，发现集中式下的供应链绩效要高于分散式，并引入收益共享 - 成本分摊契约实现了供应链协调。张学龙等[118]进一步拓展了决策模型，分析了集中式和分散式下零售价格、服务质量和批发价格三个决策变量，引入并探讨了收益共享、服务成本分担和收益共享成本分担三种契约下的供应链协调问题，结果表明，只有契约系数在合理范围内时收益共享与成本分担契约才能实现帕累托最优，而改进后的收益共享成本分担契约在实现供应链协调上更加有效。杨浩雄等[119]在双渠道供应链价格和服务决策研究时，构建了集中式和分散式两种决策模式，并提出关注服务质量、线上线下立体化营销和配套技术革新等管理建议。范丹丹等[120]在研究O2O供应链服务决策时考虑了线上线下需求转移的问题，对比了需求转移和不转移两种情况，发现只有在部分条件下两种情况才存在 Nash 均衡解，线上线下均提供服务时，需求转移的情况不一定能实现供应链系统最优，而线上线下仅由一方提供服务时，两种情况均能在集中式决策下实现供应链整体利润最优。此外，吉恩和瑞安（Jin & Ryan）[121]、吴[122]、但等[123]、雷托普尔和法拉哈尼（Rezapour & Farahani）[124]、韩等（Han et al.）[125]、阿里等（Ali et al.）[126]同样从其他不同的视角研究了双渠道供应链中的价格和服务竞争问题。

　　该类问题研究上，竞争因素除了考虑上述的价格和服务竞争外，也有学者结合其他竞争因素或视角展开研究，同时，研究对象除了双渠道供应链外，也有学者基于单一二级供应链展开供应链服务的相关研究。王磊和戴更新[127]考虑了制造商和零售商的利他偏好，研究了制造商主导型二级供应链中利他倾向对最优决策的影响，表明：制造商利他偏好的增强会降低最优批发价格和零售商服务水平，而零售商的利他偏好则会促进制造商服务水平的提升。塞明和陈志刚[128]引入策略型和懒惰型两种顾客，构建了目标服务水平下的供应链退货决策模型，分析了不同目标水平下的激励机制。张子健和蒋维[129]研究了由两个竞争制造商和零售商构成的二级供应链中服务外包策略，通过对比外包前后制造商主导型 Stackelberg 博弈均衡发现外包决策受到零售商服务成本优势的限制。刘咏梅等[130]则基于服务和退货的视角对双渠道供应链中定价问题展开研究，用两阶段优化法得到集中式和分散式下的定价策略。结果发现提供服务可以提升零售商的渠道权力，但会加剧"双重边际化效应"。

上述供应链管理中关于服务决策、服务努力、服务竞争和服务策略等主题的研究大多以双渠道供应链为研究对象，供应链权力结构也相对单一。因此，有部分学者也对此局限进一步展开了拓展研究，考虑了多种不同的供应链权力结构。王磊等[131]研究了制造商 Stackelberg（MS）、纵向纳什（VN）和零售商 Stackelberg（RS）三种权力结构下零售商公平偏好对供应链决策的影响。通过对比零售商没有公平偏好和具有公平偏好两种情景下的均衡解，发现 RS 权力下零售商提供的最优服务水平最低，零售商的公平偏好越强制造商的利润越低。文献［98］对此作了拓展，以两条二级供应链为研究对象，根据供应链间的权力地位构建了 Stackelberg、Nash 和 Stackelberg-Nash 三种竞争博弈模型，每种竞争模式下又考虑到 MS、RS 和 VN 三种链内成员的权力结构，对比分析了不同议价权力对供应链及其成员企业决策的影响。纳格尼等（Nagurney et al.）[132]研究了由多个服务提供商和多个制造商构成的供应链网络中的价格和质量竞争，建立了动态和静态两种竞争模型。陈宇科和熊龙[133]同样研究了质量和服务投入下的供应链决策问题，分析了价格敏感系数和服务敏感系数对均衡解的影响。而夏和陈（Xia & Chen）[134]则研究了由多个电话呼叫中心构成的供应链中的服务竞争和市场细化问题。进一步，周维浪等[135]从消费者行为的视角探讨了闭环供应链中的价格和服务决策，对比了 MS 和 RS 两种议价权力结构下的最优决策，发现权力越强则收益越大，消费者认可度对收益具有正向影响。但斌等[136]在研究供应链决策时考虑销售量影响服务需求的情况，提出价格折扣-服务补偿契约，当契约参数处于一定范围时能够实现协调。黄甫等[137]则在考虑价格和服务两种竞争因素的基础上进一步引入产品质量竞争，供应链由一个占主导地位的零售商和两个追随者制造商构成，分析了集中式、制造商不合作、制造商合作、一个制造商与零售商合作四种情景下的均衡结果，研究认为集中式决策是零售商的占优策略。高洁[138]研究了制造商和零售商间权力对等、制造商主导和零售商主导三种渠道权力结构下的闭环供应链定价和服务决策问题，并分别构建了 Nash、MS 和 RS 三种博弈模型，通过比较发现，RS 模型中的最优零售价格最高，但利润水平和最优服务水平还与竞争强度、敏感系数等参数有关。

供应链本质上是由多个相互关联的企业节点构成的网络，而网络中通常会存在溢出效应的问题。因此，有些学者专门针对供应链服务溢出效应这一主题展开了研究。罗美玲等[139]研究了双渠道供应链中的服务溢出效应和竞争问题，分析了"搭便车"行为对供应链最优决策和绩效的影响，发现"搭便车"行为对零售商提供服务具有负激励作用，并导致其利润受损。刘芹等[140]基于 Stackelberg 博弈研究了双渠道供应链中服务具有溢出效应时的协调策略，制造商扮演领导者角色。通过对比传统单一渠道和开通电子直销渠道后的双渠道结构发现，制造商是否开辟直销渠道取决于溢出效应的大小，并通过引入收益共享契约实现了帕累托改进。刘开军和贾静[141]针对双渠道供应链结构，考虑了零售商服务对直销渠道具有正溢出效应而直销渠道的服务对传统渠道具有负溢出效应，利用 Hotelling 模型分析了这种双向服务溢出效应对服务提供者积极性和供应链绩效的影响。结论表明，零售商的最优服务水平与双向溢出系数的大小直接相关，当系数较大时不提供服务是零售商的最优行动策略。此外，引入直销渠道后，整个供应链提供服务所带来的利润和销量提高的好处几乎全被制造商占有，对零售商提高服务水平的激励作用十分有限。张国兴和方帅[142]同样在双渠道供应链中服务"搭便车"行为的研究时分析了服务溢出系数对供应链决策的影响，但引入了一种非负转移支付契约实现了帕累托改进，降低了双重边际化带来的竞争冲突和绩效损失。近年来，刘灿等[143]在考虑服务溢出效应和竞争效应的基础上研究了线上线下渠道合作机制问题，通过比对集中式绩效标杆，探究了分散式下服务溢出效应、价格竞争对供应链最优决策的影响，从而分析了溢出对价格竞争的调节机理机制。结果发现，服务溢出效应具有一定的价格调节作用，对零售商服务并不总是表现为消极作用。牛文举等[144]假定服务具有溢出效应，分析了多个存在竞争关系的零售商的服务水平和定价决策问题，发现零售商提供什么水平的服务除了受溢出效应大小的影响外，还取决于零售商间的竞争程度。李习栋和马士华[145]则在研究双渠道供应链中服务溢出效应的问题时考虑了决策者风险规避态度，结果发现某些条件下服务溢出效应对零售商提高服务水平能产生一定激励作用。浦徐进等[146]研究了双渠道供应链中实体店和网店间的服务溢出效应和参照价格效应，并通过引入服务成本共担契约实现了供应链协调。

上述供应链服务溢出效应的研究大多假定溢出效应为正，没有考虑负溢出效应的情况。而事实上，供应链网络间很多时候存在溢出效应为负的情况。因此，有些学者开始研究供应链竞争中的服务负溢出效应。如但等[147]、胡和李（Hu & Li）[148]在研究双渠道供应链中零售商服务和顾客忠诚度对定价决策的影响时便引入了服务负溢出效应。王瑶等[149]在研究双渠道供应链中服务负溢出效应时考虑了产品的异质性，具体而言，将产品分为低端产品和高端产品两类，并利用二部定价契约实现了供应链的帕累托改进。杨畅等[150]在此基础上进一步研究了考虑服务负溢出效应的双渠道定价决策，但产品为同质完全可替代的。通过分散式和集中式决策比较，发现制造商服务的负溢出效应使零售商需求降低，但却刺激了供应链整体需求的提升，从而对制造商提供服务产生了积极的激励作用，但整体供应链利润随负溢出效应的增强而逐渐降低。最后同样引入二部定价契约实现了供应链协调。李伟等[151]则在研究双渠道供应链中服务负溢出效应时根据渠道权力结构设计了 MS、VN 和 RS 三种博弈模型，对比分析每种模型中的均衡解发现，负溢出系数的变化直接影响到供应链整体绩效和两条渠道的绩效，并得到了三种权力结构下的具体变化条件。进一步，武等[152]针对两条权力不对等的制造商主导型竞争供应链，考虑了网络中的服务负溢出效应来研究供应链间竞争和负溢出效应对供应链最优绩效和服务水平的影响，结果发现负溢出效应对两条供应链都存在负激励作用，但链间竞争对提供服务的领导者供应链有负激励作用而对追随者却能产生"搭便车"效果。

2.4　供应链结构选择研究

随着供应链研究的不断发展和深入，有些学者开始关注供应链结构选择的研究。但该类研究总体上仍比较有限。如电子科技大学的艾兴政和唐小我团队便针对两条权力地位对等的二级竞争供应链从多个不同角度研究了纵向结构选择问题[153-158]。其中，廖涛等[153]从价格和服务竞争的视角研究了供应链纵向结构选择问题，赵海霞等[154]基于的是价格竞争和规模不经济的视角，何雪峰和艾兴政[155]则考虑了不确定环境下非对称竞争，马建华等[156]考虑了延保服务对结构选择的影响，刘晓婧等[157-158]分别从网络外部性和不确定环境两个方面研究了纵向结构选择问题。此外，武钰才等[100]基于 Hotelling 模型研究了两条权力对等的制造商主导型供应链结构选择问题，发现了有悖于"双重边际化"效应的结论，即某些条件下分散式供应链的利润水平要高于集中式结构，并从供应链结构优势的视角解释了第三方外包问题。武等[101]进一步拓展了该模型，考虑了两条零售商主导型供应链间竞争，与制造商主导型供应链竞争的均衡解比较分析后发现，供应链结构从集中变为分散的过程会产生一定的正网络外部性，使竞争供应链绩效提升，并得到该博弈的稳态为 DD 或 CC，即同时分散或同时集中的供应链结构选择是该竞争中的占优策略。近年来，部分学者在上述权力对等的供应链结构选择研究的基础上，开始考虑更一般化的权力不对等的情况。范莉莉等[159]在研究两条存在竞争关系的二级供应链纵向结构选择时考虑了权力地位不对等的情景，发现随着竞争的加剧，领导者供应链的利润下滑而追随者利润却逐渐上升。

此外，还有学者结合其他视角展开供应链结构选择研究。如李薇和龙勇[160]研究了规模型和互补型两种竞争性战略联盟结构选择问题，黄永和达庆利[161]则针对废旧产品的回收问题构建了无回收、制造商回收、零售商回收和集中式四种情景，通过均衡比较分析了产品存在差异时的闭环供应链结构选择，曹宗宏等[162]则同时考虑了品牌竞争和渠道竞争，分析了制造商是否开辟直销渠道的结构选择，而孙嘉轶等[163]探讨了集中式、分散式和混合式三种情形下的闭环供应链结构选择问题，并分析了竞争强度对供应链利润和结构选择决策的影响。

2.5 相关研究总结

从已有相关研究文献的梳理和分析可以看出，关于供应链竞争的研究主要从两个方面展开：一方面重点关注单一链条或双渠道供应链内部成员节点企业间的竞争研究，另一方面则从相互独立的两条供应链着手展开链间竞争的研究。总体而言，经过几十年的发展，第一个方面的研究已取得一定规模性和系统性的成果，相对比较成熟和完善，而第二个方面的研究无论从广度还是深度上均处于初步探索阶段，具有很大的研究发展空间。此外，供应链结构选择和服务溢出效应的研究也刚刚起步，虽然开始受到国内外学者的关注，但研究成果仍比较少，同样有广泛的拓展空间。总之，尽管已有研究对供应链竞争的相关问题展开了深入地分析并取得一定的成果，但其中也存在一些局限和不足之处，具体而言：

首先，就供应链内竞争的相关研究而言，已有文献的局限性主要体现在：（1）研究供应链内竞争中关于供应链结构或渠道结构决策的文献大多关注双渠道结构或占主导地位的制造商或零售商是否开辟另一条渠道的问题，大多属于单一类型权力结构，较少有文献关注供应链内部成员企业间不同权力地位变化对供应链结构选择决策的影响。事实上，随着供应链管理在理论上和实践上的发展和丰富，就单一链条内部权力地位而言已出现了很大的变化。在供应链研究起步阶段，由于工业化机械化的发展积累，大型生产商或制造商在议价上具有很大的优势，可以笼统地称之为制造商主导型供应链。而随着经济全球化的不断深入和发展，由于零售商在供应链上更接近消费市场，对市场需求的波动更加敏感，同时也掌握更丰富更准确的需求信息。因而便逐渐出现了沃尔玛、家乐福等大型零售企业的崛起，这种大型零售商与上游供应商或制造商相比占据了主导地位，从这个角度讲，该类供应链显然为零售商主导型供应链。因此，研究和比较分析这种链内权力地位变化如何影响最优决策具有很重要的现实意义和理论价值。但已有文献中缺乏此类研究和比较，权力类型考虑比较单一。（2）当前在全球一体化和第三产业快速发展的背景下，除了考虑价格，消费者越来越重视个性化和高价值服务，如很多企业为在错综复杂的竞争中为获取长期竞争优势推出了免费接送、送货上门、售后维护、免费示范讲解等提高消费者体验和产品附加值的个性化服务，但在供应链网络中存在服务溢出效应时很可能损害服务提供方的利益，那么到底如何影响供应链企业绩效及其优化决策？决策者如何应对这种溢出效应？这些问题的研究同样具有重要的理论和现实价值，而当前大多文献在研究供应链内竞争时并没有对这类问题展开深入研究。

其次，就供应链间竞争的相关研究而言，文献的局限性主要体现在：（1）现有文献大多仅探讨了两条供应链在竞争中权力地位对等的情况，较少考虑到权力地位不对等即一条供应链为领导者或先动者而另一条为追随者或弱势方的情况。然而，事实上很多企业或品牌在市场进入上通常存在先后顺序，在议价能力上也存在强弱之分。如大型煤炭零售企业晋能集团通过前向一体化构建的煤炭供应链与中小产供销煤炭企业构成的供应链相比在煤炭定价和数量折扣上就占据一定的主导权，而以大型煤炭央企神华集团为核心的供应链与晋能集团所在供应链相比则更强势，再如以中石油为核心的石油供应链同样比小型民营石油公司构成的供应链强势。因此，对于这种存在强弱关系的供应链间竞争的研究具有很重要的现实意义，而当前大多数文献没有对此进行深入的研究。（2）大多文献从价格、质量、品牌、库存和协调等角度对供应链间竞争行为和机制展开研究，很少有文献研究链间竞争中的供应链结构选择和服务负溢出效应。然而，实际上供应链结构选择或渠道结构优化也是现实中需要深入探讨的问题，同时，服务负溢出效应如何影响供应链竞争行为和决策优化结果也需要进一步展开研究。原因是服务需要提供者承担一定的成本，如何权衡服务带来的收益和支出的成本、当网络中存在负溢出效应时如何影响服务提供方和竞争供应链的绩效、如何设计相应的激励机制以提高服务水平等问题有着重要的学术价值，而现有相关文献对该方面的研究存在一定的局限。

再次，就供应链结构选择或渠道选择的相关研究而言，总体上研究文献较少，同时也存在一定的局限性，主要体现在：（1）现有文献大多以单一的二级供应链、双渠道供应链或闭环供应链为研究对象，大多研究链内纵向结构选择问题，很少有文献关注横向供应链间的结构选择。然而，现实中的企业不仅要考虑链内其他上下游企业的竞争，还要面对与其同一水平其他供应链上的企业的竞争，即同时考虑链内竞争和链间竞争时如何进行结构选择决策以最优化企业利润或供应链整体利润已成为一个不容忽视的问题。（2）尽管有少部分学者从链内纵向结构选择拓展到横向供应链间的结构选择，但仅局限于研究两条供应链权力地位对等的情况，缺乏研究权力不对等的强弱供应链竞争环境下的结构选择问题，而且这种研究也具有很重要的实际意义。

最后，就供应链服务溢出效应的相关研究而言，尽管研究供应链服务竞争或服务水平决策的文献比较丰富，但研究供应链服务溢出效应的文献总体上仍比较有限，同时也存在一定的不足，主要体现在：（1）研究供应链服务溢出效应的文献大多基于单一供应链或双渠道结构，分析溢出效应对供应链决策的影响，很少有文献研究两条或多条独立供应链中的服务溢出效应，而这样的研究有很重要的应用背景和价值。（2）大多研究供应链服务溢出效应的文献假设溢出效应为正，研究服务负溢出效应的文献十分有限，同时，研究服务负溢出效应的文献仍然是基于双渠道供应链结构，针对两条平行供应链间的服务负溢出效应研究比较匮乏。实际上，供应链间的服务负溢出效应随处可见，以苏宁和国美两家大型零售企业分别构建的供应链为例，针对同一竞争区域，若苏宁提供一定水平个性化高附加值的体验服务而国美没有提供服务或服务水平较低，显然苏宁在客户吸引和需求提升上就有一定的优势，很可能使原本属于国美的潜在客户转向苏宁，从而导致国美在需求量和利润上的绩效下滑，这就是服务负溢出效应。而目前现有文献对此方面的研究十分有限。

　　基于上述分析，本书在供应链间竞争研究时从结构选择和服务决策两个方面入手，基于供应链间和供应链内部两个维度的权力结构考虑，重点研究链间权力对等情况下的供应链结构选择、链间权力不对等情况下的供应链最优结构选择、制造商主导型供应链间竞争下考虑负溢出效应的供应链服务决策和零售商占主导地位时考虑服务负溢出效应的供应链决策四个问题。

第 3 章

权力对等型供应链间竞争下的
最优结构选择研究

本章在权力对等型供应链间横向竞争下的结构选择问题研究时站在供应链核心企业的角度展开。考虑两条存在竞争关系的权力对等型供应链，针对各自链上同一水平的核心企业，分别决定是否将产品生产或销售等非核心业务外包给第三方企业即选择构筑集中式还是分散式的供应链结构。在第三方企业没有成本优势的前提下，引入收益共享契约，利用 Hotelling 模型求得供应链间博弈的均衡解，对比分析得到供应链最优结构。在权力结构设计上本章综合考虑了两种供应链权力：制造商主导型（MS）和零售商主导型（RS）供应链。而在供应链结构上，则设计了纯集中结构（集中—集中）、混合结构（集中—分散）和纯分散结构（分散—分散）三种。

3.1　问题的提出

当前，供应链竞争已成为管理领域的研究热点。基于供应链网络视角，链上核心企业不仅面临链内企业竞争，同时还与其他链上同一水平的核心企业存在横向竞争。核心企业为获取竞争优势，势必会考虑所在供应链的结构选择和优化问题。通常，核心企业在决策产品生产或销售时面临两种战略选择：自产自销或外包。例如：上游核心企业长春一汽公司的下游零售商很多都是通过加盟或特许经营的方式进行汽车销售，但奔驰、丰田等品牌起初通过自销的方式进入中国市场，近年来逐渐与国内大型汽车零售商（如庞大公司）纵向合作，构筑了稳定的供应链；下游核心企业晋能集团（原为大型煤炭零售商）早期专门从事上游煤炭生产商的销售业务，近年来通过前端整合实现了产销一体化。下游煤炭行业，同煤集团下属的销售或贸易公司大多完全控股，而阳煤集团仅仅是通过部分参股下游销售公司形成长期的供应链伙伴关系。理论上而言，一汽及其零售商构筑的供应链属于分散式，奔驰、丰田等所在供应链起初为集中式，之后与零售商合作构成分散式供应链，而晋能所筑供应链起初为分散式，之后演变为集中式。进而，为了提高供应链竞争优势，核心企业如何进行供应链结构决策，亦即是否将产品生产或销售外包，成为该领域的一个关键问题。本书具体解决以下问题：供应链间横向 Nash 竞争下，究竟哪种供应链结构或结构组合下绩效最优？该竞争的具体博弈过程是什么？该博弈的稳态和决策者的占优策略是什么？供应链间竞争强度如何影响这一博弈均衡结果及结构选择决策？另外，通过链间 MS 和 RS 两种权力情况比较，回答当供应链内权力地位发生变化后上述问题的结果是否会发生变化，具体变化是什么，以及两种权力下的均衡结果有何异同？

3.2　模型描述与基本假设

本章基于 Hotelling 模型研究两条权力对等型供应链横向竞争下最优结构选择，出于两点考虑：首先，Hotelling 模型针对的是两个生产同类可替代产品的厂商，关注厂商定位与产品定价问题而不考虑产品质量、功能和属性等其他方面的差异，即两厂商首先在长度为 1 的线性市场区域上选址，消费者根据自身所处位置和两厂商的零售价格选择产品。而本章将重点研究供应链结构和竞争关系对绩效的影响，必须将价格外的其他因素如产品质量和品牌差异等因素设置为控制变量，与 Hotelling 模型的假设相符。其次，本章主要通过比较不同供应链结构下的最优零售价格对消费者剩余和核心企业绩效的影响以确定最优供应链结构。而研究价格竞争和企业竞争的文献涉及的需求函数通常是价格的线性或指数形式，这无疑会增加本章在博弈均衡求解过程中的复杂性，同时需求函数的形式和价格对需求的影响并不是本章研究的侧重点。因此，Hotelling 模型中均匀的线性市场假设将简化本章的模型和均衡求解。

鉴于赵和史（Zhao & Shi）[164]在对两条竞争供应链结构和契约类型选择的研究中发现，对下游零售商而言，分散式结构下收益共享契约比批发价格契约更好。因此，本章引入收益共享契约来实现供应链协调。

考虑同一水平权力对等、存在横向 Nash 竞争的两个核心企业 $i(i = 1, 2)$，在 Hotelling 线性市场上的位置为 a_i，假设市场区域长度为 1，$0 \leq a_i \leq 1$。不失一般性，假设核心企业 1 在企业 2 的左侧，即 $a_1 < a_2$。同时假设两个核心企业的产品定价为 p_i。

假设制造商和零售商均无产品制造与销售的成本优势。分散式供应链本质上是核心企业将产品生产或销售环节外包给第三方企业，而集中式则为自产自销。一般研究认为，外包是出于第三方的成本优势、服务专业化等考虑。与制造商相比，零售商在供应链上的位置更接近消费市场，并有销售渠道、零售服务、市场信息等优势，最终表现为产品销售上的成本优势。与零售商相比，制造商则在生产技术设备、产品开发设计等方面具有生产成本优势。本章假设第三方企业无成本优势，是为了更好地分析供应链结构对核心企业的影响，抛开通常外包出于第三方成本优势的考虑，单纯从供应链本身的结构优势这一视角探讨竞争问题和企业外包战略，即分析当第三方企业不具备成本优势时横向竞争的核心企业是否依旧会选择外包即分散式结构。

假设消费者均匀分布在 Hotelling 线性市场区域 [0, 1] 内，消费者对产品的需求完全无弹性，无论购买哪个企业的产品所获得效用均为 U，U 足够大使市场完全被覆盖。根据达斯普勒蒙等（D'Aspremont et al.）[165]的研究，线性形式的需求函数很可能导致均衡解不存在。因此，为便于博弈均衡的形成和求解及确保距离的非负性，本章假设消费者的移动成本与距离的二次方成正比，即消费者处于 a 位置时，消费者剩余为 $U - p_i - s(a - a_i)^2$。模型涉及的符号如表 3.1 所示。

表 3.1　　　　　　　　　　　　参数符号和意义

符号	意义
U	单位产品的效用
M_i	制造商 i 的利润
R_i	零售商 i 的利润
T_i	供应链 i 的利润
p_i	单位产品的零售价格
w_i	单位产品的批发价格
θ_i	收益共享比例
a_i	核心企业 i 所处位置
$\hat{a}$	消费者剩余相等的产品临界位置
s	消费者的单位移动成本
c_1	单位产品的制造成本
c_2	单位产品的销售成本

模型中涉及纯集中结构（CC）、混合结构（CD）和纯分散结构（DD）三种类型的供应链结构，如表 3.2 所示。

表 3.2　　　　　　　　　　　　供应链结构及标记

项目	供应链 2 为集中式	供应链 2 为分散式
供应链 1 为集中式	（CC）	（CD）
供应链 1 为分散式	（DC）	（DD）

权力对等型供应链竞争下由于对称性，（CD）和（DC）本质上是

一种结构类型，即一条供应链为集中式而另一条为分散式的混合结构，为便于和另外两种结构比较分析和区分，只用（CD）表示该混合结构类型。

为了更好地研究和对比不同权力下的供应链最优结构选择，考虑两种主导类型的供应链，即制造商主导型（MS）和零售商主导型（RS），本章将主要研究 MS 型和 RS 型供应链上的核心企业存在横向 Nash 竞争时的供应链博弈和结构选择问题。

3.3　制造商主导型供应链间横向竞争下的结构选择

本节用逆向递推的方法分别分析了制造商主导型供应链中 CC、CD 和 DD 三种结构下的博弈和优化。为便于研究，三种供应链结构设计如图 3.1 所示。

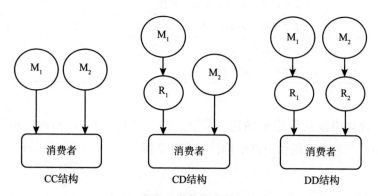

图 3.1　制造商主导型供应链间竞争下的结构

3.3.1　纯集中结构下的博弈分析

通常在供应链优化与协调的研究中，将集中式决策作为引入契约后分散式决策研究的标杆。本节研究可作为分散式供应链结构的参照基准，以分析不同供应链结构对博弈均衡的影响。

考虑两个上游核心制造商均选择集中式结构即自产自销，无零售和生产外包的情况。具体博弈过程：首先，两个制造商都选择集中式结构，其产品生产成本和销售成本分别为 c_1 和 c_2；其次，两个制造商决定最优零售价格 p_i 以实现自身利润最大化；最后，消费者为最大化自身的消费者剩余在两个制造商间作出产品购买决策。

运用博弈论中逆向递归法求解。首先分析最后阶段，即在给定零售价格 p_i 的情况下如何决策以实现消费者剩余最大化。在 Hotelling 线性市场上寻找一个临界点 $\hat{a}$ 使得消费者选择企业 1 和企业 2 的消费者剩余相等，即 $\hat{a}$ 左侧的消费者选择企业 1 的产品，右侧的选择 2 的产品。容易得到：

$$U - p_1 - s(a - a_1)^2 = U - p_2 - s(a - a_2)^2$$

可求得：

$$\hat{a} = \frac{p_2 - p_1 + s(a_2^2 - a_1^2)}{2s(a_2 - a_1)}$$

第二阶段，制造商决定最优零售价格。可得到制造商 1 和制造商 2 的利润函数分别为：

$$\begin{cases} M_1 = (p_1 - c_1 - c_2)\hat{a} \\ M_2 = (p_2 - c_1 - c_2)(1 - \hat{a}) \end{cases}$$

通过最优化求解两个核心制造商各自的利润可得到如下命题。

命题 3.1　给定 a，b，c_1 和 c_2，当两个核心制造商均选择集中式供应链结构时：

（1）纳什均衡（p_1，p_2，$\hat{a}$）为：

$$\begin{cases} p_1 = \dfrac{s(a_2^2 - a_1^2) + 2s(a_2 - a_1) + 3(c_1 + c_2)}{3} \\ p_2 = \dfrac{-s(a_2^2 - a_1^2) + 4s(a_2 - a_1) + 3(c_1 + c_2)}{3} \\ \hat{a} = \dfrac{a_1 + a_2 + 2}{6} \end{cases}$$

（2）两个核心制造商（也即两条供应链）的最优利润分别为：

$$\begin{cases} M_1 = T_1 = \dfrac{s(a_2 - a_1)(a_1 + a_2 + 2)^2}{18} \\[3mm] M_2 = T_2 = \dfrac{s(a_2 - a_1)(a_1 + a_2 - 4)^2}{18} \end{cases}$$

3.3.2 混合结构下的博弈分析

CD 结构下考虑一个核心企业选择分散式结构，另一个为集中式。不失一般性，假设制造商 1 选择分散结构，将产品批发给排他性下游零售商（用零售商 1 表示），二者构建了供应链 1；制造商 2 选择集中式，即自产自销。

在供应链 1 中，制造商与零售商间引入收益共享契约 (w_1, φ_1)。具体的序贯博弈顺序为：第一阶段，制造商 1 以批发价格 w_1 将产品批发给零售商 1；第二阶段，两条供应链同时决定零售价格 p_1 和 p_2，其中供应链 1 的零售价格 p_1 由零售商 1 决定；第三阶段，确定收益共享比例 φ_1。容易得到：

制造商 1 的利润函数为：

$$M_1 = (w_1 - c_1)\hat{a} + (1 - \varphi_1)p_1\hat{a}$$

零售商 1 的利润函数为：

$$R_1 = \varphi_1 p_1 \hat{a} - (w_1 + c_2)\hat{a}$$

制造商 2 的利润函数为：

$$M_2 = (p_2 - c_1 - c_2)(1 - \hat{a})$$

运用逆向递归法可得到如命题 3.2 所述均衡结果。

命题 3.2 给定 a，b，c_1 和 c_2，当核心企业制造商 1 选择向下分散式供应链结构而制造商 2 选择集中式时：

（1）子博弈精炼均衡 $(w_1, p_1, p_2, \hat{a})$ 为：

$$
\begin{cases}
w_1 = \dfrac{\varphi_1 s\left(a_2^2 - a_1^2\right) + 2\varphi_1 s\left(a_2 - a_1\right) - 4\left(1 - \varphi_1\right)c_2 + 4\varphi_1 c_1}{4} \\[3mm]
p_1 = \dfrac{s\left(a_2^2 - a_1^2\right) + 2s\left(a_2 - a_1\right) + 2\left(c_1 + c_2\right)}{2} \\[3mm]
p_2 = \dfrac{-s\left(a_2^2 - a_1^2\right) + 6s\left(a_2 - a_1\right) + 4\left(c_1 + c_2\right)}{4} \\[3mm]
\hat{a} = \dfrac{a_1 + a_2 + 2}{8}
\end{cases}
$$

（2）零售商 1 和两个核心企业的最优利润分别为：

$$
\begin{cases}
R_1 = \dfrac{\varphi_1 s\left(a_2 - a_1\right)\left(a_1 + a_2 + 2\right)^2}{32} \\[3mm]
M_1 = \dfrac{\left(2 - \varphi_1\right)s\left(a_2 - a_1\right)\left(a_1 + a_2 + 2\right)^2}{32} \\[3mm]
M_2 = \dfrac{s\left(a_2 - a_1\right)\left(a_1 + a_2 - 6\right)^2}{32}
\end{cases}
$$

进而，可得到两条供应链的最优利润分别为：

$$
\begin{cases}
T_1 = \dfrac{s\left(a_2 - a_1\right)\left(a_1 + a_2 + 2\right)^2}{16} \\[3mm]
T_2 = \dfrac{s\left(a_2 - a_1\right)\left(a_1 + a_2 - 6\right)^2}{32}
\end{cases}
$$

3.3.3　纯分散结构下的博弈分析

　　DD 结构下考虑两个核心制造商均选择分散式供应链结构，制造商 1 及其下游零售商 1 构成供应链 1，制造商 2 及其下游零售商 2 构成供应链 2。两条供应链分别引入收益共享契约（w_1，φ_1）和（w_2，φ_2）。具体的博弈过程：第一阶段，制造商 i 为最优化其主导的供应链 i 的整体利润向零售商提出批发价格 w_1；第二阶段，在供应链 i 中处于追随者地位的零售商 i 为最大化自身利润决定最优零售价格 p_i；第三阶段，决定最优的收益共享比例 φ_2。容易得到两个核心企业即制造商 1 和制造商 2 的利润函数分别为：

$$\begin{cases} M_1 = (w_1 - c_1)\hat{a} + (1 - \varphi_1)p_1\hat{a} \\ M_2 = (w_2 - c_1)(1 - \hat{a}) + (1 - \varphi_2)p_2(1 - \hat{a}) \end{cases}$$

零售商 1 和零售商 2 的利润函数分别为：

$$\begin{cases} R_1 = \varphi_1 p_1 \hat{a} - (w_1 + c_2)\hat{a} \\ R_2 = \varphi_2 p_2 (1 - \hat{a}) - (w_2 + c_2)(1 - \hat{a}) \end{cases}$$

运用逆向递归法可得如下命题。

命题 3.3 给定 a_1，a_2，c_1 和 c_2，当两个核心企业制造商 1 和制造商 2 均选择分散式供应链结构时：

（1）子博弈精炼均衡 $(w_1, w_2, p_1, p_2, \hat{a})$ 为：

$$\begin{cases} w_1 = \dfrac{\varphi_1 s(a_2^2 - a_1^2) + 4\varphi_1 s(a_2 - a_1) - 5(1 - \varphi_1)c_2 + 5\varphi_1 c_1}{5} \\[2mm] w_2 = \dfrac{-\varphi_2 s(a_2^2 - a_1^2) + 6\varphi_2 s(a_2 - a_1) - 5(1 - \varphi_2)c_2 + 5\varphi_2 c_1}{5} \\[2mm] p_1 = \dfrac{2s(a_2^2 - a_1^2) + 8s(a_2 - a_1) + 5(c_1 + c_2)}{5} \\[2mm] p_2 = \dfrac{-2s(a_2^2 - a_1^2) + 12s(a_2 - a_1) + 5(c_1 + c_2)}{5} \\[2mm] \hat{a} = \dfrac{a_1 + a_2 + 4}{10} \end{cases}$$

（2）四个供应链成员的最优利润分别为：

$$\begin{cases} R_1 = \dfrac{\varphi_1 s(a_2 - a_1)(a_1 + a_2 + 4)^2}{50} \\[2mm] R_2 = \dfrac{\varphi_2 s(a_2 - a_1)(a_1 + a_2 - 6)^2}{50} \\[2mm] M_1 = \dfrac{(2 - \varphi_1)s(a_2 - a_1)(a_1 + a_2 + 4)^2}{50} \\[2mm] M_2 = \dfrac{(2 - \varphi_2)s(a_2 - a_1)(a_1 + a_2 - 6)^2}{50} \end{cases}$$

进而，可得到两条供应链的最优利润分别为：

$$\begin{cases} T_1 = \dfrac{s(a_2 - a_1)(a_1 + a_2 + 4)^2}{25} \\[4mm] T_2 = \dfrac{s(a_2 - a_1)(a_1 + a_2 - 6)^2}{25} \end{cases}$$

3.4　零售商主导型供应链间横向竞争下的结构选择

本节分别分析了零售商主导型供应链中 CC、CD 和 DD 三种结构下的博弈。三种供应链结构设计如图 3.2 所示。

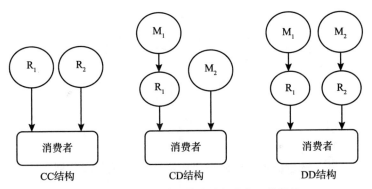

图 3.2　零售商主导型供应链间竞争下的结构

该类竞争下的博弈分为四个阶段：第一阶段，核心企业决定采用集中式或分散式的供应链结构；第二阶段，若核心企业零售商 i 选择分散式结构，须与其上游制造商共同决策最优批发价格，并确定最优的收益共享比例；第三阶段，零售商决策最优零售价格以最大化自身利润；第四阶段，消费者选择最优的核心企业以最大化自身剩余。

3.4.1　纯集中结构下的博弈分析

考虑两个下游核心企业均选择集中式结构即自产自销，无生产和销售外包的情况。具体的博弈过程：首先，两个核心零售商都选择集中式结构，其生产成本和销售成本分别为 c_1 和 c_2；其次，两个零售商决定最优的零售价格 p_i 以最大化自身利润；最后，为实现消费者剩余最大作出最优产品购买决策。

容易得到零售商 1 和零售商 2 的利润函数分别为：

$$\begin{cases} R_1 = (p_1 - c_1 - c_2)\hat{a} \\ R_2 = (p_2 - c_1 - c_2)(1 - \hat{a}) \end{cases}$$

通过最优化两个核心企业各自的利润可得到如下命题。

命题 3.4 给定 a_1，a_2，c_1 和 c_2，当两个核心企业同时选择集中式供应链结构时：

（1）纳什均衡 $(p_1, p_2, \hat{a})$ 为：

$$\begin{cases} p_1 = \dfrac{s(a_2^2 - a_1^2) + 2s(a_2 - a_1) + 3(c_1 + c_2)}{3} \\[3mm] p_2 = \dfrac{-s(a_2^2 - a_1^2) + 4s(a_2 - a_1) + 3(c_1 + c_2)}{3} \\[3mm] \hat{a} = \dfrac{a_1 + a_2 + 2}{6} \end{cases}$$

（2）两个核心企业（即两条供应链）的最优利润分别为：

$$\begin{cases} R_1 = T_1 = \dfrac{s(a_2 - a_1)(a_1 + a_2 + 2)^2}{18} \\[3mm] R_2 = T_2 = \dfrac{s(a_2 - a_1)(a_1 + a_2 - 4)^2}{18} \end{cases}$$

3.4.2 混合结构下的博弈分析

考虑一个核心零售商选择分散式结构，另一个为集中式。不失一般性，假设零售商 1 选择分散结构，将产品制造环节外包给上游制造商（用制造商 1 表示），二者构建了供应链 1；零售商 2 选择集中式供应链结构，即自产自销模式。

在供应链 1 中，制造商与零售商间引入收益共享契约 (w_1, θ_1)。具体的序贯博弈顺序为：第一阶段，两条供应链同时决定零售价格 p_1 和 p_2，其中供应链 1 的零售价格 p_1 由零售商 1 决定；第二阶段，制造商 1 确定最优的批发价格 w_1；第三阶段，确定最优的收益共享比例 w_1。容易得到：

零售商 1 的利润函数为：
$$R_1 = (p_1 - w_1 - c_2)\hat{a} + (1 - \theta_1)w_1\hat{a}$$

制造商 1 的利润函数为：
$$M_1 = \theta_1 w_1 \hat{a} - c_1 \hat{a}$$

零售商 2 的利润函数为：
$$R_2 = (p_2 - c_1 - c_2)(1 - \hat{a})$$

运用逆向递归法可得到如命题 3.5 所述均衡结果。

命题 3.5　给定 a_1，a_2，c_1 和 c_2，当核心企业零售商 1 选择分散式供应链结构而核心零售商 2 选择集中式时：

（1）子博弈精炼均衡 $(w_1, p_1, p_2, \hat{a})$ 为：

$$\begin{cases} w_1 = \dfrac{s(a_2 - a_1)(a_1 + a_2 + 2) + 4c_1}{4\theta_1} \\[3mm] p_1 = \dfrac{s(a_2 - a_1)(a_1 + a_2 + 2) + 2(c_1 + c_2)}{2} \\[3mm] p_2 = \dfrac{s(a_2 - a_1)(6 - a_1 - a_2) + 4(c_1 + c_2)}{4} \\[3mm] \hat{a} = \dfrac{a_1 + a_2 + 2}{8} \end{cases}$$

（2）制造商 1 和两个核心企业的最优利润分别为：

$$\begin{cases} M_1 = \dfrac{s(a_2 - a_1)(a_1 + a_2 + 2)^2}{32} \\[3mm] R_1 = \dfrac{s(a_2 - a_1)(a_1 + a_2 + 2)^2}{32} \\[3mm] R_2 = \dfrac{s(a_2 - a_1)(a_1 + a_2 - 6)^2}{32} \end{cases}$$

进而，可得到两条供应链的最优利润分别为：

$$\begin{cases} T_1 = \dfrac{s(a_2 - a_1)(a_1 + a_2 + 2)^2}{16} \\ T_2 = \dfrac{s(a_2 - a_1)(a_1 + a_2 - 6)^2}{32} \end{cases}$$

3.4.3 纯分散结构下的博弈分析

考虑两个核心零售商都选择分散式的供应链结构，零售商 1 及其上游制造商 1 构成供应链 1，零售商 2 及制造商 2 构成供应链 2。两条供应链分别引入收益共享契约 (w_1, θ_1) 和 (w_2, θ_2)。具体的博弈过程：第一阶段，零售商 i 为最大化自身利润决定最优零售价格 p_i；第二阶段，在供应链 i 中处于追随者地位的制造商 i 为最优化自身利润决定批发价格 w_i；第三阶段，决定最优的收益共享比例 θ_i。容易得到：

制造商 1 和制造商 2 的利润函数为：

$$\begin{cases} M_1 = \theta_1 w_1 \hat{a} - c_1 \hat{a} \\ M_2 = \theta_2 w_2 (1 - \hat{a}) - c_1 (1 - \hat{a}) \end{cases}$$

核心企业零售商 1 和零售商 2 的利润函数为：

$$\begin{cases} R_1 = (p_1 - w_1 - c_2)\hat{a} + (1 - \theta_1) w_1 \hat{a} \\ R_2 = (p_2 - w_2 - c_2)(1 - \hat{a}) + (1 - \theta_2) w_2 (1 - \hat{a}) \end{cases}$$

运用逆向递归法可得如下命题。

命题 3.6 给定 a_1，a_2，c_1 和 c_2，当两个核心企业零售商 1 和零售商 2 均选择分散式结构时：

（1）子博弈精炼均衡 $(w_1, w_2, p_1, p_2, \hat{a})$ 为：

$$\begin{cases} w_1 = \dfrac{s(a_2-a_1)(a_1+a_2+4)+5c_1}{5\theta_1} \\[3mm] w_2 = \dfrac{s(a_2-a_1)(6-a_1-a_2)+5c_1}{5\theta_2} \\[3mm] p_1 = \dfrac{2s(a_2-a_1)(a_1+a_2+4)+5(c_1+c_2)}{5} \\[3mm] p_2 = \dfrac{2s(a_2-a_1)(6-a_1-a_2)+5(c_1+c_2)}{5} \\[3mm] \hat{a} = \dfrac{a_1+a_2+4}{10} \end{cases}$$

（2）四个供应链企业的最优利润分别为：

$$\begin{cases} R_1 = \dfrac{s(a_2-a_1)(a_1+a_2+4)^2}{50} \\[3mm] R_2 = \dfrac{s(a_2-a_1)(a_1+a_2-6)^2}{50} \\[3mm] M_1 = \dfrac{s(a_2-a_1)(a_1+a_2+4)^2}{50} \\[3mm] M_2 = \dfrac{s(a_2-a_1)(a_1+a_2-6)^2}{50} \end{cases}$$

进而，可得到两条供应链的最优利润分别为：

$$\begin{cases} T_1 = \dfrac{s(a_2-a_1)(a_1+a_2+4)^2}{25} \\[3mm] T_2 = \dfrac{s(a_2-a_1)(a_1+a_2-6)^2}{25} \end{cases}$$

3.5　博弈均衡解比较分析

本节综合比较了不同供应链权力和结构类型下的均衡结果并分析其管理启示。为方便区分，分别用上标 CC、CD 和 DD 表征不同供应链结构类型。

3.5.1 混合结构和纯集中结构的均衡解比较

无论是在制造商主导型供应链还是零售商主导型供应链竞争模型中，对于供应链1，均存在 $p_1^{CD} > p_1^{CC}$，$\hat{a}^{CD} < \hat{a}^{CC}$。反映出供应链1从集中式变为分散式结构后出现了双重边际化效应，直接导致其顾客的流失。但从最终利润上看，供应链1的利润在分散式结构下比集中式有所增长，$T_1^{CD} > T_1^{CC}$。该结果与一般认为的双重边际化侵蚀供应链整体绩效的观点矛盾。该结论为本章的重要发现之一。另外，研究发现 $T_2^{CD} > T_2^{CC}$，说明供应链1从集中变成分散结构，不仅使自身利润上升，同时还促进了供应链2的利润提升。因此得到如下引理。

引理3.1　同一水平横向 Nash 竞争的两个核心企业，当一个企业选择集中式结构时，另一个企业选择分散式结构有助于提升其所在供应链的整体利润，同时会产生正外部溢出效应，促进与之竞争的供应链绩效提升。

引理3.1不同于我们常规认识。经典双重边际化理论认为，分散式供应链结构由于成员的自利行为和竞争博弈，导致分散式供应链的整体利润低于集中式。而当考虑供应链与供应链之间的竞争和产品价格竞争时，分散结构不仅有助于提升该供应链的整体绩效，还会提升另一条竞争供应链的绩效。

3.5.2 纯分散结构和混合结构的均衡解比较

无论是在制造商主导型供应链还是零售商主导型供应链竞争模型中，对于供应链2，通过比较发现，$p_2^{DD} > p_2^{CD}$，$\hat{a}^{DD} > \hat{a}^{CD}$。表明供应链2从集中式变为分散式结构后产生了双重边际化效应，即产品价格上升导致线性市场上顾客的流失。但从最终利润上看，$T_2^{DD} > T_2^{CD}$，$T_1^{DD} > T_1^{CD}$，即供应链2从集中式变为分散式结构后利润有所增长，同时分散式供应链 1 的利润也有所增长。因此得到如下引理。

引理 3.2　同一水平横向 Nash 竞争的两个核心企业，当一个企业选择分散式结构时，另一个企业也选择分散式结构有助于提升其所在供应链的整体利润，同时还会产生正外部性，促进与之竞争的供应链绩效提升。

引理 3.2 进一步验证了引理 3.1 的发现，这两个发现表明：从供应链绩效的角度来讲，当两个核心企业相互竞争时，分散式结构比集中式在绩效表现上更优。该发现是目前学术界关于分散式供应链双重边际化的一个悖论。

3.5.3　纯集中结构、混合结构和纯分散结构的均衡解比较

本节为进一步分析不同权力和供应链结构下博弈演化和结构选择，综合比较了三种不同竞争结构下的博弈均衡结果，得到如下引理。

引理 3.3　两个核心企业的产品零售价格和批发价格都是在制造和零售成本和（$c_1 + c_2$）的基础上加成定价。

该引理表明，不论核心企业如何选择产品的零售模式，在确定最优批发价格和零售价格时都会首先考虑产品的制造和零售成本，在此基础上加成定价以最大化各自的利润。

对于两条权力对等的横向竞争供应链，无论权力类型为制造商主导还是零售商主导，通过综合比较三种供应链结构下的均衡结果发现：$T_1^{DD} > T_1^{CD} > T_1^{CC}$，$T_2^{DD} > T_2^{CD} > T_2^{CC}$。因此，单纯从供应链整体利润最大化的角度而言，显然两条供应链同时分散是该竞争博弈的均衡解，即 DD 结构为供应链结构选择的占优策略。

但从供应链中占主导地位的核心企业的角度出发，若追求核心企业自身利润最大化，通过三种供应链结构下的均衡解比较可得如图 3.3 和图 3.4 所示的结果，箭头表示长期博弈演化方向。

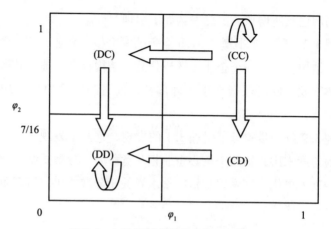

图 3.3　MS 模型中博弈均衡结构演化

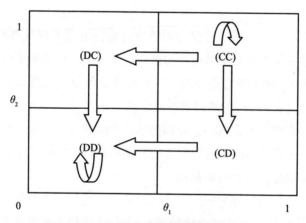

图 3.4　RS 模型中博弈均衡结构演化

　　如图 3.3 和图 3.4 所示，长期来看，若初始状态的竞争结构为（DD），则竞争均衡始终稳定在该结构下；若初始竞争结构为（CD）或（DC），该结构并不稳定，从前面引理 3.1 和引理 3.2 推知，随着竞争博弈的发展，最终可能达到（DD）这一稳定结构；若初始竞争结构为（CC），在 MS 模型中，必然向（CD）或（DC）演化，最终可能达到（DD），而在 RS 模型中则十分稳定。因此，该博弈均衡的稳态为（DD）或（CC）。

进一步分析可得到了引理 3.4。

引理 3.4　在收益共享契约下，某一核心企业面对与其横向竞争的同一水平核心企业，无论竞争企业选择哪种结构，该企业选择分散式结构总能提升所在供应链的整体绩效，同时能促进与之竞争的供应链整体绩效的提升。

该引理是在第三方无成本竞争优势的假设前提下分析得到的，有两个重要的管理启示：

（1）该命题有悖于"分散式结构导致'双重边际化效应'从而侵蚀供应链整体绩效"这一常识。但本章研究发现，分散式结构在同一水平的核心企业竞争博弈中存在特有的结构优势，不仅比自身供应链集中式下利润水平高，而且会产生正外部溢出效应，促进竞争供应链绩效的提升。

（2）在管理研究与实践中，某一核心企业面对与其相竞争的企业，该企业选择将产品生产或销售环节外包给专业的第三方企业对自身更为有利，反映出除第三方企业的成本优势、社会分工、专业性等因素外，外包本身也有内在的结构优势。

3.6　数值实验

本节数值实验分别比较了制造商主导和零售商主导两种权力类型中 CC、CD 和 DD 三种竞争结构下供应链 1 和供应链 2 的利润。从命题 3.1 至命题 3.6 可知，供应链利润是关于 s、a_1、a_2 的函数，其中，$(a_2 - a_1)$ 反映了两个核心企业或供应链间的竞争程度，该值越小竞争越强。为更好地对比 MS 和 RS 两种类型下供应链竞争对供应链利润的影响，数值实验部分采取了固定 a_1 变动 a_2 的思路，设定了 $s = 10$，$a_1 = 0.2$ 与 $s = 100$，$a_1 = 0.5$ 两套对照实验，相应地，a_2 从 0.2 递增至 1，a_2 从 0.5 递增至 1。实验结果如图 3.5 ~ 图 3.8 所示。

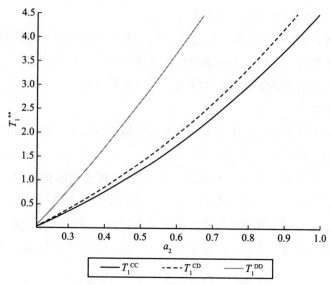

图 3.5　MS 模型中 $s = 10$，$a_1 = 0.2$ 时供应链 1 利润变化

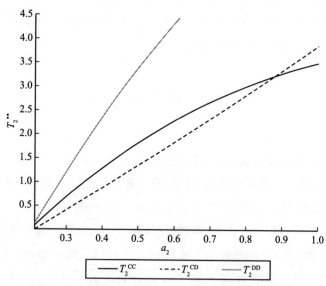

图 3.6　MS 模型中 $s = 10$，$a_1 = 0.2$ 时供应链 2 利润变化

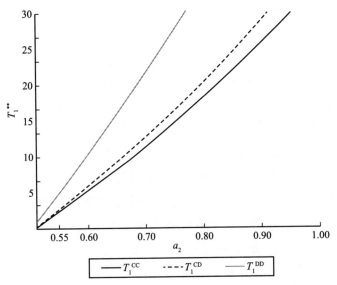

图 3.7　RS 模型中 $s=100$，$a_1=0.5$ 时供应链 1 利润变化

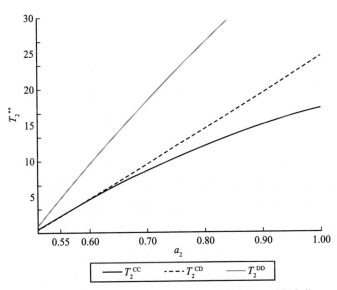

图 3.8　RS 模型中 $s=100$，$a_1=0.5$ 时供应链 2 利润变化

由图 3.5 ~ 图 3.8 可知：

（1）从整体观察发现，MS 和 RS 模型中供应链 1 和供应链 2 的利润均随着 a_2 的递增而逐渐上升。说明在 Hotelling 线性市场上，两个核心企业的产品定位距离越远，对两条供应链利润的提升越有利。反映出随着竞争程度的减缓，两条供应链间的溢出效应越来越大。该发现与日常的管理实践一致：一定条件下，市场竞争越激烈，企业利润越薄，但从消费者的角度来看，消费者剩余越大。

（2）上述四张图共同反映出，大多情况下 DD 结构的供应链利润要比 CD 结构的高，而 CD 结构的供应链利润又比 CC 结构的高，反映出核心企业竞争博弈过程中供应链利润从小到大的关系为（CC）→（CD）→（DD），也反映出 DD 结构的稳定性。该结果进一步支持了引理 3.1、引理 3.2 和引理 3.4，即分散式结构能够产生正外部溢出效应，与集中式相比具有一定的结构优势。

3.7　本章小结

本章研究权力对等型供应链间横向竞争下的最优结构选择问题。基于经典的 Hotelling 模型构建制造商主导和零售商主导两种权力结构下供应链横向竞争的 Stackelberg – Nash 双层复合嵌套博弈模型，设计了纯集中结构、混合结构和纯分散结构三种供应链结构组合下横向链间 Nash 博弈模型并求得每种结构下的均衡解。通过对比三种博弈下的均衡解确定绩效最优的供应链结构，从而得到该博弈下的占优策略和供应链结构选择决策。同时，为进一步验证和对比制造商主导和零售商主导两种不同权力对供应链横向竞争博弈均衡解和结构选择的影响，综合分析和比较了两种权力下的供应链间横向 Nash 竞争博弈。进而通过数值实验分析了链间竞争对供应链利润变化的影响。假定第三方无成本优势的前提下，从分散式供应链本身的结构优势这一视角解释了现实生活中很多企业选择外包战略的原因。通过分析得到如下结论：

（1）在收益共享契约下，核心企业面对与其水平竞争企业时，无论竞争企业选择哪种结构，该企业选择分散式结构总能提升所在供应链的整体利润，同时能够产生正外部溢出效应，提升竞争供应链的利润水平。这一发现有别于当前我们对于经典的"双重边际化效应"的认识。（2）即便不考虑第三方企业的成本优势、专业性等因素，外包本身也具有一定的结构优势。本章从分散式供应链的结构优势这一视角解释了企业为什么要选择外包。（3）两条制造商主导型供应链或零售商主导型供应链存在横向 Nash 竞争时，最终博弈的稳态为纯分散或纯集中结构即两条供应链同时分散或同时集中。

本章得到的管理启示是，两个权力地位对等、横向竞争的核心企业，将产品生产或销售等"非核心"环节外包给第三方企业比自产自销的模式对自身更有利，核心企业只需专注自身的核心业务；相互横向竞争的核心企业，要么同时采用"非核心"业务外包战略，要么同时自产自销，"步调一致才能得胜利"。

第4章

权力不对等型供应链间竞争下的
最优结构选择研究

本章在第 3 章权力对等型供应链间横向竞争的基础上进一步深入拓展，考虑两条供应链权力不对等即一条供应链为领导者而另一条为追随者的情况，以制造商主导型（MS）供应链为例，构建了纯集中结构（CC）、领导者为分散式而追随者为集中式的混合结构（DC）、领导者为集中式而追随者为分散式的混合结构（CD）和纯分散结构（DD）四种供应链结构模型，并通过均衡解对比分析研究了供应链间 Stackelberg 竞争下的最优结构决策问题。最后与第 3 章权力对等情况下的结论进行了比较和讨论。

4.1 问题的提出

现实生活中，供应链间权力类型除了对等情况外，更常见更一般的为链间权力不对等的情况。换言之，很多企业或品牌在议价能力和谈判地位上并不平等，而是存在明显的强弱之分，在市场进入上通常也存在先后顺序。例如，大型煤炭零售企业晋能集团通过前向一体化构建的煤炭供应链与中小产供销煤炭企业构成的供应链相比在煤炭定价上就占据一定的主导权，而以大型煤炭央企神华集团为核心的供应链与晋能集团所在供应链相比则更强势，再如以中石油为核心的石油供应链同样比小型民营石油公司构成的供应链强势。因此，对于这种存在强弱关系的复杂供应链间竞争的研究具有很重要的现实意义。但事实上，现有供应链竞争文献中此类研究仍比较缺乏，大多文献仅探讨了两条竞争供应链中权力地位对等的情况，较少考虑到权力地位不对等即一条供应链为领导者或先动者而另一条为追随者或弱势方的情况。本章正是基于这种理论局限和现实问题进行了权力不对等的供应链间竞争和结构选择研究。

对此，本章构建了纯集中结构（CC）、领导者为分散式而追随者为集中式的混合结构（DC）、领导者为集中式而追随者为分散式的混合结构（CD）和纯分散结构（DD）四种供应链结构组合下的竞争模型，通过每种结构下均衡解的比较分析，重点探讨如下问题：链间 Stackelberg 竞争下，哪种供应链结构或结构组合下的绩效最优？该竞争博弈的稳态和决策者的占优策略是什么？供应链间竞争强度如何影响这一博弈均衡结果及最优决策？另外，通过与第 3 章链间权力对等的情况比较，回答当供应链间权力地位发生变化后上述问题的结果是否会发生变化？具体变化是什么？

4.2　模型描述与基本假设

本章研究两条横向竞争的供应链最优结构决策问题，两条供应链的议价权力、市场地位不对等，即为一强一弱的 Stackelberg 竞争。不失一般性，假设供应链 1 是该博弈中的领导者，供应链 2 为追随者。同时，竞争在本模型中主要体现在产品价格层面。就某一条供应链而言，一般有两种结构：集中式和分散式，因而，对于两条供应链来说，理论上将存在四种供应链结构组合，如表 4.1 所示。

表 4.1 供应链结构组合

项目	供应链 2 为集中式	供应链 2 为分散式
供应链 1 为集中式	（CC）	（CD）
供应链 1 为分散式	（DC）	（DD）

为便于研究，四种供应链结构设计如图 4.1 所示。

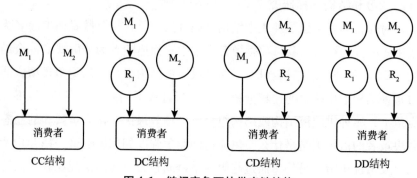

CC结构   DC结构   CD结构   DD结构

图 4.1　链间竞争下的供应链结构

模型涉及的符号如表 4.2 所示。

表 4.2 参数表

符号	意义
M_i	制造商 i 的利润
R_i	零售商 i 的利润
T_i	供应链 i 的利润
p_i	单位产品的零售价格
q_i	供应链 i 的市场需求量
w_i	单位产品的批发价格
a	市场规模

符号	意义
b	产品可替代性
c_1	单位产品的制造成本
c_2	单位产品的销售成本

对于需求函数，参照文献［106；166 – 168］等的研究，本章假设供应链 i 的需求函数为：$q_i = a - p_i + bp_{3-i}$，$i = 1$，2。

其中，$b \in (0，1)$ 表示两条供应链上产品间的可替代性，即当其他参数固定，供应链 i 的价格每增加（减少）一个单位，另一条竞争供应链上市场需求的增加（减少）量。b 值的大小直接反映出供应链间的竞争强度。

4.3　模型构建及求解

本节构建了 CC、DC、CD 和 DD 四种供应链结构下的竞争模型，并分别求得每种博弈下的均衡解。

4.3.1　纯集中结构下的博弈分析

CC 结构下两条供应链的结构均为集中式。为便于刻画，每条供应链 i 上只有一个核心企业即制造商 i。一般供应链优化或协调研究中，将集中式决策作为分散式决策研究的标杆，本节亦可作为其他供应链结构的参照基准，对比分析不同供应链竞争下的均衡结果。

具体博弈过程：首先，供应链 1 在博弈中的主导地位使其具有先动优势，先行决定最优零售价格 p_1 以实现自身利润最大化；其次，追随者供应链 2 在观察到供应链 1 的决策行动后顺次决定最优零售价格 p_2 以实现其整体利润最大化。容易得到两条供应链的利润函数分别为：

$$\begin{cases} T_1 = (p_1 - c_1 - c_2)(a - p_1 + bp_2) \\ T_2 = (p_2 - c_1 - c_2)(a - p_2 + bp_1) \end{cases}$$

运用博弈论中逆向递归法求解。首先分析最后阶段，即给定供应链 1 的零售价格 p_1，供应链 2 如何决策其零售商价格 p_2 以实现其利润最大化。其次求得最优的 p_1。

通过优化求解可得到如下命题。

命题 4.1 给定 a，b，c_1 和 c_2，当两条供应链均为集中式结构时：

（1）唯一均衡解 (p_1, p_2, q_1, q_2) 为：

$$\begin{cases} p_1 = \dfrac{a(2+b) + (2+b-b^2)(c_1+c_2)}{2(2-b^2)} \\[3mm] p_2 = \dfrac{a(4+2b-b^2) + (4+2b-b^2-b^3)(c_1+c_2)}{2(2-b^2)} \\[3mm] q_1 = \dfrac{(2+b)(a-(1-b)(c_1+c_2))}{4} \\[3mm] q_2 = \dfrac{(4+2b-b^2)(a-(1-b)(c_1+c_2))}{4(2-b^2)} \end{cases}$$

（2）两条供应链各自的最优利润分别为：

$$\begin{cases} T_1 = \dfrac{(2+b)^2(a-(1-b)(c_1+c_2))^2}{8(2-b^2)} \\[3mm] T_2 = \dfrac{(4+2b-b^2)^2(a-(1-b)(c_1+c_2))^2}{16(2-b^2)^2} \end{cases}$$

4.3.2 领导者分散而追随者集中的混合结构下的博弈分析

DC 结构下领导者供应链的结构为分散式，追随者供应链为集中式。方便起见，假定供应链 1 由核心制造商 1 和一个排他性零售商 1 构成，供应链 2 上只有核心企业制造商 2。

具体的序贯博弈顺序为：第一阶段，作为领导者供应链上的核心企业，制造商 1 以批发价格 w_1 将产品批发给其下游零售商 1；第二阶段，零售商 1 给出最优零售价格 p_1；第三阶段，追随者供应链 2 决定最优零售价格 p_2。容易得到：

制造商 1 的利润函数为：

$$M_1 = (w_1 - c_1)(a - p_1 + bp_2)$$

零售商 1 的利润函数为：

$$R_1 = (p_1 - w_1 - c_2)(a - p_1 + bp_2)$$

制造商 2 的利润函数为：

$$M_2 = (p_2 - c_1 - c_2)(a - p_2 + bp_1)$$

运用逆向递归法优化求解可得到如下命题。

命题 4.2 给定 a，b，c_1 和 c_2，当领导者供应链结构为分散式而追随者为集中式时：

（1）子博弈精炼均衡 $(w_1, p_1, p_2, q_1, q_2)$ 为：

$$
\begin{cases}
w_1 = \dfrac{(2 + b - b^2)c_1 + (2 + b)(a - (1 - b)c_2)}{2(2 - b^2)} \\[2mm]
p_1 = \dfrac{3a(2 + b) + (2 + 3b - b^2)(c_1 + c_2)}{4(2 - b^2)} \\[2mm]
p_2 = \dfrac{a(8 + 6b - b^2) + (8 + 2b - b^2 - b^3)(c_1 + c_2)}{8(2 - b^2)} \\[2mm]
q_1 = \dfrac{(2 + b)(a - (1 - b)(c_1 + c_2))}{8} \\[2mm]
q_2 = \dfrac{(8 + 6b - b^2)(a - (1 - b)(c_1 + c_2))}{8(2 - b^2)}
\end{cases}
$$

（2）零售商 1 和两个核心制造商的最优利润分别为：

$$
\begin{cases}
R_1 = \dfrac{(2 + b)^2(a - (1 - b)(c_1 + c_2))^2}{32(2 - b^2)} \\[2mm]
M_1 = \dfrac{(2 + b)^2(a - (1 - b)(c_1 + c_2))^2}{16(2 - b^2)} \\[2mm]
M_2 = \dfrac{(8 + 6b - b^2)^2(a - (1 - b)(c_1 + c_2))^2}{64(2 - b^2)^2}
\end{cases}
$$

进而，可得到两条供应链的最优利润分别为：

$$
\begin{cases}
T_1 = \dfrac{3(2+b)^2(a-(1-b)(c_1+c_2))^2}{32(2-b^2)} \\[4mm]
T_2 = \dfrac{(8+6b-b^2)^2(a-(1-b)(c_1+c_2))^2}{64(2-b^2)^2}
\end{cases}
$$

4.3.3 领导者集中而追随者分散的混合结构下的博弈分析

CD 结构下领导者供应链的结构为集中式，追随者供应链为分散式。为便于刻画，假定供应链 1 只有核心企业制造商 1，供应链 2 由核心制造商 2 和排他性零售商 2 共同构成。

具体的序贯博弈顺序为：第一阶段，作为领导者的供应链 1 先行决定最优零售价格 p_1 以实现其整体利润最大化；第二阶段，作为追随者供应链上的核心企业，制造商 2 以价格 w_2 将产品批发给其下游零售商 2；第三阶段，零售商 2 给出最优零售价格 p_2。容易得到：

制造商 1 的利润函数为：

$$M_1 = (p_1 - c_1 - c_2)(a - p_1 + bp_2)$$

零售商 2 的利润函数为：

$$R_2 = (p_2 - w_2 - c_2)(a - p_2 + bp_1)$$

制造商 2 的利润函数为：

$$M_2 = (w_2 - c_1)(a - p_2 + bp_1)$$

运用逆向递归法可得到如下命题。

命题 4.3　给定 a，b，c_1 和 c_2，当领导者供应链结构为集中式而追随者为分散式时：

（1）子博弈精炼均衡 $(w_1, p_1, p_2, q_1, q_2)$ 为：

$$\begin{cases} w_2 = \dfrac{(8+4b-5b^2-3b^3)c_1 + (8+4b-3b^2)(a-(1-b)c_2)}{4(4-3b^2)} \\[3mm] p_1 = \dfrac{a(4+3b) + (4+b-3b^2)(c_1+c_2)}{8-6b^2} \\[3mm] p_2 = \dfrac{3a(8+4b-3b^2) + (8+12b-3b^2-9b^3)(c_1+c_2)}{8(4-3b^2)} \\[3mm] q_1 = \dfrac{(4+3b)(a-(1-b)(c_1+c_2))}{8} \\[3mm] q_2 = \dfrac{(8+4b-3b^2)(a-(1-b)(c_1+c_2))}{8(4-3b^2)} \end{cases}$$

（2）零售商 2 和两个核心制造商的最优利润分别为：

$$\begin{cases} M_1 = \dfrac{(4+3b)^2(a-(1-b)(c_1+c_2))^2}{64-48b^2} \\[3mm] R_2 = \dfrac{(8+4b-3b^2)^2(a-(1-b)(c_1+c_2))^2}{64(4-3b^2)^2} \\[3mm] M_2 = \dfrac{(8+4b-3b^2)^2(a-(1-b)(c_1+c_2))^2}{32(4-3b^2)^2} \end{cases}$$

进而，可得到两条供应链的最优利润分别为：

$$\begin{cases} T_1 = \dfrac{(4+3b)^2(a-(1-b)(c_1+c_2))^2}{64-48b^2} \\[3mm] T_2 = \dfrac{3(8+4b-3b^2)^2(a-(1-b)(c_1+c_2))^2}{64(4-3b^2)^2} \end{cases}$$

4.3.4　纯分散结构下的博弈分析

DD 结构下两条供应链均为分散式结构，即核心企业制造商 i 及其下游零售商 i 共同构成供应链 i。具体的博弈过程：第一阶段，作为领导者供应链上的核心企业，制造商 1 以最优批发价格 w_1 将产品批发给其下游零售商 1；第二阶段，零售商 1 给出单位产品的最优零售价格 p_1；第三阶段，作为追随者供应链上的核心企业，制造商 2 以最优批发

价格 w_2 将产品批发给其下游零售商 2；第四阶段，零售商 2 决定最优零售价格 p_2 以最大化自身利润。容易得到核心企业制造商 1 和制造商 2 的利润函数分别为：

$$\begin{cases} M_1 = (w_1 - c_1)(a - p_1 + bp_2) \\ M_2 = (w_2 - c_1)(a - p_2 + bp_1) \end{cases}$$

零售商 1 和零售商 2 的利润函数分别为：

$$\begin{cases} R_1 = (p_1 - w_1 - c_2)(a - p_1 + bp_2) \\ R_2 = (p_2 - w_2 - c_2)(a - p_2 + bp_1) \end{cases}$$

通过优化求解可得如下命题。

命题 4.4 给定 a，b，c_1 和 c_2，当两条竞争供应链的结构均为分散式时：

（1）子博弈精炼均衡（w_1，w_2，p_1，p_2，q_1，q_2）为：

$$\begin{cases} w_1 = \dfrac{(4 + b - 3b^2)c_1 + (4 + 3b)(a - (1-b)c_2)}{8 - 6b^2} \\[3mm] w_2 = \dfrac{(16 + 4b - 9b^2 - 3b^3)c_1 + (16 + 12b - 3b^2)(a - (1-b)c_2)}{8(4 - 3b^2)} \\[3mm] p_1 = \dfrac{3a(4 + 3b) + (4 + 3b - 3b^2)(c_1 + c_2)}{4(4 - 3b^2)} \\[3mm] p_2 = \dfrac{3a(16 + 12b - 3b^2) + (16 + 12b - 3b^2 - 9b^3)(c_1 + c_2)}{64 - 48b^2} \\[3mm] q_1 = \dfrac{(4 + 3b)(a - (1-b)(c_1 + c_2))}{16} \\[3mm] q_2 = \dfrac{(16 + 12b - 3b^2)(a - (1-b)(c_1 + c_2))}{64 - 48b^2} \end{cases}$$

（2）四个供应链成员企业的最优利润分别为：

$$\begin{cases} R_1 = \dfrac{(4+3b)^2(a-(1-b)(c_1+c_2))^2}{64(4-3b^2)} \\[3mm] M_1 = \dfrac{(4+3b)^2(a-(1-b)(c_1+c_2))^2}{32(4-3b^2)} \\[3mm] R_2 = \dfrac{(16+12b-3b^2)^2(a-(1-b)(c_1+c_2))^2}{256(4-3b^2)^2} \\[3mm] M_2 = \dfrac{(16+12b-3b^2)^2(a-(1-b)(c_1+c_2))^2}{128(4-3b^2)^2} \end{cases}$$

进而，可得到两条供应链的最优利润分别为：

$$\begin{cases} T_1 = \dfrac{3(4+3b)^2(a-(1-b)(c_1+c_2))^2}{64(4-3b^2)} \\[3mm] T_2 = \dfrac{3(16+12b-3b^2)^2(a-(1-b)(c_1+c_2))^2}{256(4-3b^2)^2} \end{cases}$$

4.4　博弈均衡解比较分析

本节综合比较了四种供应链结构下的均衡结果。在比较分析过程中，本节采用的方法是固定某一条供应链的结构不变而比较另一条供应链结构变动前后的结果变化，同时也兼顾分析某一供应链结构变动对另一条结构未变的供应链的影响。为便于区分，分别用上标 CC、DC、CD 和 DD 表征相应的供应链结构类型。

4.4.1　领导者分散而追随者集中的混合结构和纯集中结构比较

当追随者供应链 2 保持集中式结构不变，对于供应链 1，存在 $p_1^{DC} > p_1^{CC}$，$q_1^{DC} < q_1^{CC}$，$T_1^{DC} < T_1^{CC}$。反映出领导者供应链 1 从集中式变为分散式结构后出现了双重边际化效应，即产品零售价格的上升直接导致其

产品需求量的流失和供应链 1 整体利润的下降。但对于集中式结构的追随者供应链 2，存在 $p_2^{DC} > p_2^{CC}$，$q_2^{DC} > q_2^{CC}$，$T_2^{DC} > T_2^{CC}$，即在供应链间竞争环境下，供应链 1 的结构从集中式变为分散式后，由于双重边际化效应使供应链 1 本身的绩效受到侵蚀，从而促使竞争对手即供应链 2 获得了更多的市场份额，并产生一定的价格上涨空间，使其整体利润也得到大幅提升。因此得到如下引理。

引理 4.1 两条权力不对等的竞争供应链，当追随者供应链的结构为集中式时，领导者供应链从集中式变成分散式的结构变化能产生正外部性，使另一条追随者供应链的绩效显著提升。

该发现表明，占主导地位的供应链结构从集中到分散过程中，尽管对于自身来说由于双重边际化导致绩效下滑，但该结构变化有一定的"利他性"，即对与之竞争的供应链而言，溢出效应促进追随者的绩效提升。

4.4.2 领导者集中而追随者分散的混合结构和纯集中结构比较

当领导者供应链 1 保持集中式结构不变，对于追随者供应链 2，通过均衡解比较分析发现，$p_2^{CD} > p_2^{CC}$，$q_2^{CD} < q_2^{CC}$。反映出供应链 2 从集中式变为分散式结构后出现了双重边际化效应，即零售价格的上升直接导致其市场需求量的流失。但从供应链 2 整体利润上对比分析发现：当两条供应链间的竞争程度 $b \in [0, 1]$ 满足条件 $3(8 + 4b - 3b^2)^2(2 - b^2)^2 - 4(4 - 3b^2)^2(4 + 2b - b^2)^2 < 0$（约为 $0 < b < 0.73$）时，$T_2^{CD} < T_2^{CC}$；而当 b 满足 $3(8 + 4b - 3b^2)^2(2 - b^2)^2 - 4(4 - 3b^2)^2(4 + 2b - b^2)^2 > 0$（约为 $0.73 < b < 1$）时，$T_2^{CD} > T_2^{CC}$。换言之，当供应链间竞争强度较小时，分散式供应链的利润较低，而当竞争强度较大时，集中式供应链的利润较低。该结果显然与通常认为的双重边际化侵蚀供应链整体利润的观点矛盾，这也是本章重要发现。

而对于集中式供应链 1，存在 $p_1^{CD} > p_1^{CC}$，$q_1^{CD} > q_1^{CC}$，$T_1^{CD} > T_1^{CC}$，即追

随者供应链 2 的结构从集中式变为分散式后，领导者供应链 1 的产品零售价格、需求量和整体利润均得到了提升。比较和梳理后得到如下引理。

引理 4.2　两条权力不对等的竞争供应链，当领导者供应链的结构为集中式时，追随者供应链从集中式变成分散式能够产生正外部性，使另一条领导者供应链的绩效显著提升。该结构变化下，当供应链间竞争较弱时，集中式结构是该博弈下追随者供应链的占优策略，而当竞争较强时，分散式结构占优。

该引理不同于我们的常规认识，即通常的双重边际化理论认为，分散式供应链结构下由于成员的自利行为和竞争博弈，导致分散式供应链总体利润低于集中式。而当考虑供应链间竞争和产品价格竞争时，一定竞争条件下，分散式结构不仅有助于提升该供应链的整体绩效，还会提升另一条竞争供应链的绩效。

4.4.3　纯分散结构和领导者分散而追随者集中的混合结构比较

当领导者供应链 1 保持分散式结构不变时，对于追随者供应链 2，通过比较可发现，$p_2^{DD} > p_2^{DC}$，$q_2^{DD} < q_2^{DC}$。表明供应链 2 从集中式变为分散式结构后产生了双重边际化效应，即产品零售价格上升导致其需求量的流失。但从最终利润上看，当供应链间竞争程度 b 满足 $3(16 + 12b - 3b^2)^2(2 - b^2)^2 - 4(4 - 3b^2)^2(8 + 6b - b^2)^2 < 0$（约为 $0 < b < 0.68$）时，两条供应链最优利润存在 $T_2^{DD} < T_2^{DC}$ 的关系；而当 b 满足条件 $3(16 + 12b - 3b^2)^2(2 - b^2)^2 - 4(4 - 3b^2)^2(8 + 6b - b^2)^2 > 0$ 时（约为 $0.68 < b < 1$），$T_2^{DD} > T_2^{DC}$。即当供应链间竞争强度较小时，集中式供应链的利润比分散式高，而当竞争强度较大时，分散式供应链的利润更高。

对于分散式结构的领导者供应链 1，存在 $p_1^{DD} > p_1^{DC}$，$q_1^{DD} > q_1^{DC}$，$T_1^{DD} > T_1^{DC}$，即追随者供应链 2 的结构从集中式变为分散式后，供应链 1 的产品零售价格、需求量和整体利润均得到了提升。反映出供应链间竞争和结构的变化能够产生一定的正溢出效应。因此得到如下引理。

引理4.3 两条权力不对等的竞争供应链，当领导者供应链的结构为分散式，追随者供应链从集中式变成分散式能产生一定正外部性，促进领导者供应链的绩效提升。当供应链间竞争较弱时，集中式结构是该博弈下追随者供应链结构选择决策的占优策略，而当竞争较强时，分散式结构占优。

该引理进一步支撑了引理4.2的发现，这两个发现表明：无论领导者供应链的结构如何，追随者供应链集中式变为分散式总能产生溢出效应，从而改善领导者供应链的绩效，反映出该种结构变化的"利他性"。同时，从供应链整体利润的角度而言，当供应链间竞争较弱时，集中式结构下的利润较高，而当竞争较强时，分散式下利润较高。该发现是目前学术界关于分散式供应链"双重边际化"理论的一个悖论。

4.4.4 纯分散结构和领导者集中而追随者分散的混合结构比较

当追随者供应链 2 的结构保持分散式不变，对于领导者供应链 1，对比发现，$p_1^{DD} > p_1^{CD}$，$q_1^{DD} < q_1^{CD}$，$T_1^{DD} < T_1^{CD}$。表明供应链 1 从集中式变为分散式结构后产生了双重边际化效应。对于分散式结构的追随者供应链 2，存在 $p_2^{DD} > p_2^{CD}$，$q_2^{DD} > q_2^{CD}$，$T_2^{DD} > T_2^{CD}$，即供应链 1 从集中式变为分散式后，供应链 2 的产品零售价格、需求量和整体利润都得到了提升，反映出供应链 1 结构的变化导致一定溢出效应。因此得到如下引理。

引理4.4 两条权力不对等的竞争供应链，当追随者供应链的结构保持分散式不变时，领导者供应链从集中式变为分散式的结构变化存在正外部性，促进追随者供应链的绩效提升。

该引理进一步验证了引理4.1的发现，这两个发现表明：从供应链绩效的角度而言，当追随者供应链的结构保持不变，领导者供应链从集中式变为分散，能够产生一定的利他性，促使追随者供应链绩效的提升。

4.4.5　四种结构的均衡解综合比较

本节为进一步分析不同供应链结构下博弈均衡和结构选择决策，综合比较了四种不同竞争结构下的博弈均衡结果。首先，从供应链网络外部性的角度综合分析得到如下引理。

引理 4.5　两条权力不对等的竞争供应链，当一条供应链的结构保持不变而另一条供应链从集中式变成分散式时，总能产生正溢出效应，促进与之竞争的供应链绩效显著提升。

该引理表明：从供应链网络和竞争的视角看，无论供应链间的权力地位如何，从集中到分散的供应链结构变化总是存在一定的利他性，能产生正外部溢出效应，从而使竞争者供应链受益。

引理 4.6　两条权力不对等的竞争供应链，当领导者供应链结构保持不变而追随者供应链从集中式变成分散式时，对追随者供应链而言，若供应链间竞争较弱，集中式结构是其结构选择决策的占优策略；若竞争足够强，分散式结构占优。

该引理表明，追随者供应链的占优策略与领导者供应链的结构无关，而是与供应链间竞争程度密切相关。当竞争程度较低时，追随者供应链在集中式结构下的利润较高，而当竞争程度足够高时，分散式下的利润更高。该结论是当前分散式供应链双重边际化理论的悖论之一。

通过上述分析可知，供应链间 Stackelberg 竞争的均衡可能存在四种结果，即（CC）、（DC）、（CD）和（DD）。综合比较上述四种供应链博弈模型的均衡可得如图 4.2 所示的结果。

进而，通过分析可得到如下引理。

引理 4.7　供应链间 Stackelberg 竞争的均衡结构取决于竞争强度 b 的大小：

（1）若 $0 < b \leqslant 0.68$，则供应链间竞争均衡结构为（CC）；

（2）若 $0.68 < b \leqslant 0.73$，则供应链间竞争均衡结构存在两种可能，即（CC）或（DD）；

（3）若 $0.73 < b \leqslant 1$，则供应链间竞争均衡结构存在三种可能，即（CC）或（CD）或（DD）。

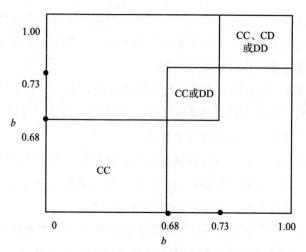

图4.2　不同竞争强度下供应链间竞争博弈均衡结构

图4.2 刻画了引理 4.7 中不同竞争强度下供应链间竞争的均衡结构。首先我们发现，当 b 在 $[0，1]$ 范围内取值变化时，最终的竞争均衡结构只有三种可能，即（CC）、（CD）和（DD），结构（DC）最不稳定，而结构（CC）最稳定，即如果两条竞争供应链的初始结构为（CC），由于（CC）本身就是供应链间竞争博弈的一个均衡结果，因此，若两条竞争供应链都不改变自身结构，则始终稳定在该结构下。当 $0 < b \leqslant 0.68$ 时，若初始结构为（DD）或（CD）或（DC），则该博弈的最终均衡结构为（CC）。当 $0.68 < b \leqslant 0.73$ 时，若初始结构为（DD）或（CD）或（DC），则该博弈的最终均衡结构为（CC）或（DD）。当 $0.73 < b \leqslant 1$ 时，若初始结构为（CD），则该均衡结构始终稳定在（CD）结构下，而若初始结构为（DC），则均衡结构最终可能演变为（CC）或（DD）。

4.5　数值实验

为进一步分析供应链间竞争对供应链利润及均衡结构演变的影响，本节数值实验分别比较了 CC、DC、CD 和 DD 四种竞争模型下供应链 1 和供应链 2 的最优利润。不失一般性，假设 $a = 10$，$c_1 = 1$，$c_2 = 1$，b 可看作两条供应链间的竞争强度，b 值越大说明两条供应链间竞争越激烈。令 b 从 0 变到 1，观测其变动如何影响四种竞争结构下两条供应链的最优利润。数值实验结果如图 4.3 和图 4.4 所示。

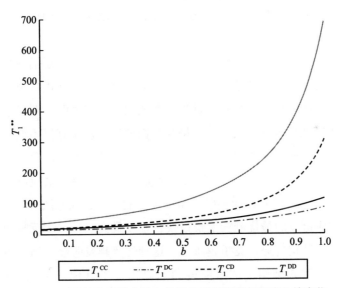

图 4.3　四种结构下供应链 1 的最优利润随竞争程度 b 的变化

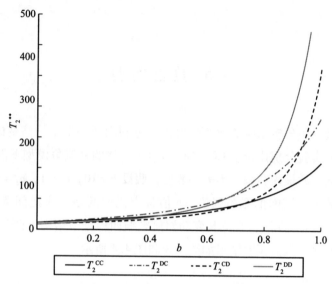

图 4.4 四种结构下供应链 2 的最优利润随竞争程度 b 的变化

从图 4.3 和图 4.4 中观察可知：（1）从整体上看，随着供应链间竞争程度 b 的增大，四种结构下的供应链 1 的最优利润和供应链 2 的最优利润均呈现逐渐增大的趋势，且当 b 增大到一定程度时，两条供应链的最优利润呈现指数型增长。该结果与我们通常的认识有所不同。一般认为供应链或企业间的竞争会摊薄供应链或企业的利润。但我们发现，竞争并不一定总是"坏事"，某些情况下竞争反而会促进供应链或企业绩效的改善。（2）随着供应链间竞争程度 b 的增大，纯分散式结构下供应链 1 和供应链 2 的最优利润增长最快，幅度最大。进一步反映出纯分散式供应链的结构优势，竞争越激烈，这种优势越发明显。当竞争十分激烈时，纯分散式结构下的供应链利润要远高于其他三种供应链结构。（3）分别对比图 4.3 中 T_1^{CC} 与 T_1^{CD}、T_1^{DC} 与 T_1^{DD}，图 4.4 中 T_2^{CC} 与 T_2^{DC}、T_2^{CD} 与 T_2^{DD}，观察发现，随着竞争程度 b 的增大，曲线间的距离越来越大，反映出供应链从集中到分散的结构变化过程中对竞争供应链产生的溢出效应越来越大，且供应链间竞争强度越大，溢出效应越大。该发现进一步验证了引理 4.5 的结论，即分散式结构能够产生溢出效应，与集中式相比具有一定的结构优势。（4）对比图 4.4 中 T_2^{CC} 与 T_2^{CD}，T_2^{DC} 与 T_2^{DD} 发现，当竞争程度 b 较小时，$T_2^{CD} < T_2^{CC}$，$T_2^{DD} < T_2^{DC}$，说明两条供应链间的竞争较小时，集中式结构的优势比较明显；而当 b 增大到一定程度时，$T_2^{CD} > T_2^{CC}$，$T_2^{DD} > T_2^{DC}$，说明两条供应链间竞争较为激烈时，分散式供应链结构优势更明显。该发现进一步验证了引理 4.6 的"双重边际化"悖论。

4.6　本章小结

本章通过构建 CC、DC、CD 和 DD 四种供应链竞争模型研究两条权力不对等型供应链间竞争下的最优结构选择问题，构建双层 Stackelberg 嵌套博弈模型。通过综合对比四种供应链结构组合下的博弈均衡解，详细分析该博弈下绩效最优的供应链结构并确定了占优策略和供应链结构选择决策结果。进而利用数值实验具体分析了供应链间竞争程度的变化如何影响两条供应链的最优利润。通过分析得到如下结论：

（1）权力不对等型供应链间竞争下，追随者供应链最优结构选择的占优策略与领导者供应链的结构无关，而是与供应链间竞争程度密切相关。

（2）无论领导者供应链结构为集中式还是分散式，当其结构保持不变而追随者供应链从集中式变成分散式时，对追随者供应链而言，若供应链间竞争较弱，集中式结构是其占优策略；若竞争足够强，分散式结构占优。该发现进一步验证了文献 [100 - 101] 在两条权力对等型供应链竞争下得到的部分结论。这一发现是当前分散式供应链"双重边际化"理论的悖论之一。

（3）从供应链网络和竞争的视角看，供应链结构从集中到分散的变化存在一定的"利他性"，即当一条供应链的结构保持不变另一条供应链从集中式变成分散式时，总能产生外部溢出效应，促进与之竞争的供应链的绩效显著提升。该发现与文献 [101] 在两条权力对等的供应链竞争下得到结论一致，进一步反映出分散式供应链结构在供应链竞争中存在正外部性，具有一定的结构优势。

（4）从供应链间 Stackelberg 竞争的博弈均衡结果来看，两条供应链同时分散或同时集中的结构相对稳定，领导者供应链集中而追随者供应链分散的混合结构只有在竞争强度满足一定条件时才比较稳定，大多情况下混合结构最终可能演变为纯分散或纯集中结构。该发现验证了第3 章和文献［101］在链间 Nash 竞争下同时集中和同时分散为稳态结构的结论，但不同的是，本章发现当竞争强度满足一定条件时，领导者供应链集中而追随者分散的混合结构也具有一定稳定性。而文献［101］在供应链间 Nash 竞争的研究结果表明，混合结构在竞争中极其不稳定，必然要演变为纯集中或纯分散的供应链结构。造成这种不同结果的原因很可能是两条竞争供应链间的权力结构存在差异，即本章为一强一弱型，而文献［101］为权力对等型。

本章得到的管理启示是，对于两条权力不对等的竞争供应链，若两条供应链都是集中式结构，保持该结构不变是竞争博弈的最优策略；若一条供应链做出从集中到分散的决策行动，对另一条供应链会产生"搭便车"的效果而使其受益，但当竞争异常激烈时，另一条供应链也做出从集中到分散的结构变化是其最优的应对策略。从业务外包的角度看，对于两条竞争供应链的上游核心制造商，博弈中最优的行动策略是要么同时选择非核心业务外包，如零售业务外包给下游中小零售商，要么同时选择自产自销的模式，"步调一致"能够使核心制造商获取更多利润。

第5章

制造商主导型供应链间竞争下考虑
服务负溢出效应的供应链决策

受前文"供应链网络间外部溢出效应"发现的启发，本章考虑两条供应链间的服务负溢出效应，以制造商主导型供应链为研究对象，基于第 4 章供应链间权力不对等的情况，构建纯集中结构（CC）、领导者为分散式而追随者为集中式的混合结构（DC）、领导者为集中式而追随者为分散式的混合结构（CD）和纯分散结构（DD）四种供应链竞争结构模型，并通过分析服务负溢出效应和链间竞争程度对均衡解的影响研究了供应链最优服务决策与竞争问题。

5.1 问题的提出

在当前错综复杂的竞争中，很多厂家为获取长期竞争优势，推出在线客服、免费接送、送货上门、免费退货、免费示范和动态追踪等服务以满足消费者个性化需求、提高消费者体验和产品附加值。这种服务尽管提高了消费者效用和厂商竞争优势，但同时也会出现搭便车行为或负溢出效应[142;169 - 170]，可能损害服务提供方的利益。这种负溢出现象如何影响服务提供者的最优服务水平决策和供应链最优决策？这种影响在不同的供应链竞争结构下是否存在差异？进而，当考虑服务负溢出效应与供应链间竞争时，供应链及成员企业如何进行决策方可实现最优绩效？同时，供应链间竞争强度如何影响供应链最优决策？这些重要的供应链问题有待进一步展开研究。

5.2　模型描述与基本假设

首先假设两条制造商主导型供应链的议价权力、市场地位不对等，即"一强一弱"型，属于 Stackelberg 博弈。不失一般性，假设供应链 1 是该博弈中的领导者，供应链 2 为追随者。为对比分析服务在供应链竞争网络中的负溢出效应，本章假设仅由领导者供应链 1 中占主导地位的制造商 1 提供服务，制造商 2 作为对比参照组。同时，竞争在本模型中主要体现在产品价格上。供应链结构在本章中有两种：集中式和分散式，对于两条供应链，理论上将存在四种供应链结构组合，如表 5.1 所示。

表 5.1　　　　　　　　　供应链结构组合

项目	供应链 2 为集中式	供应链 2 为分散式
供应链 1 为集中式	（CC）	（CD）
供应链 1 为分散式	（DC）	（DD）

为便于研究，四种供应链结构设计如图 5.1 所示。
模型涉及的符号如表 5.2 所示。

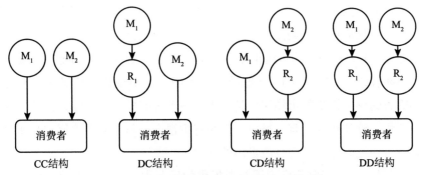

图 5.1　制造商主导型供应链间竞争下的结构

表 5.2　　　　　　　　　　　　　　参数表

符号	意义
M_i	制造商 i 的利润
R_i	零售商 i 的利润
T_i	供应链 i 的利润
p_i	单位产品的零售价格
q_i	供应链 i 的市场需求量
w_i	单位产品的批发价格
θ	两条供应链间的价格竞争强度
s	制造商为顾客提供的服务水平
k	服务负溢出效应
η	服务成本系数
a	市场规模
c_1	单位产品的制造成本
c_2	单位产品的销售成本

对于需求函数，参照文献 [150 – 152] 等的研究，本章假设供应链 1 的需求函数为：$q_1 = a - p_1 + \theta(p_2 - p_1) + s$，供应链 2 的需求函数为：$q_2 = a - p_2 + \theta(p_1 - p_2) - ks$。

其中，a 表示供应链的潜在基本需求量，$\theta \in (0, 1)$ 表示两条供应链上产品间的可替代性，即当其他参数固定，供应链 i 的价格变动对另一条竞争供应链上市场需求的影响，该值大小直接反映出供应链间的竞争强度。k 表示服务的负溢出效应，即供应链 1 提供服务导致供应链 2 上的顾客流失，$0 < k < 1$，k 值越大表示服务的负溢出效应越强，不提供服务的供应链 2 的市场流失越严重。该考虑同样符合实际，尤其是在个性化、碎片化的顾客市场中，越来越重视产品附带的高价值和高质量服务，一流服务显然会分流更多的顾客。

此外，s 表示制造商为消费者提供的服务水平，并假定服务成本为 $c(s) = \frac{1}{2}\eta s^2$。

该二次型函数形式有两个好处：首先，二次型成本与线性形式比更容易形成均衡解，同时简化求解过程；其次，符合实际情况，即制造商提供的服务水平越高，付出的成本越高，且边际服务成本随服务水平的增大而增大。文献［149 – 152；168］也采用了相同的形式。

5.3 模型构建及求解

本节构建了 CC、DC、CD 和 DD 四种供应链结构下的竞争模型，并分别求得每种博弈下的均衡解。

5.3.1 纯集中结构下的博弈分析

CC 结构下两条供应链的结构均为集中式。为便于刻画，每条供应链 i 上只有一个核心企业即制造商 i。一般供应链优化或协调研究中，将集中式决策作为分散式决策研究的标杆，本节亦可作为供应链结构组合中包含分散式时的参照基准，对比分析不同供应链竞争下的均衡结果。

具体博弈过程：首先，供应链 1 在博弈中的主导地位使其具有先动优势，先行决定最优零售价格 p_1 和最优服务水平 s 以实现自身利润最大化；其次，追随者供应链 2 在观察到供应链 1 的决策行动后决定最优零售价格 p_2 以实现其整体利润最大化。容易得到两条供应链的利润函数分别为：

$$\begin{cases} T_1 = (p_1 - c_1 - c_2)(a - p_1 + \theta(p_2 - p_1) + s) - \dfrac{1}{2}\eta s^2 \\ T_2 = (p_2 - c_1 - c_2)(a - p_2 + \theta(p_1 - p_2) - ks) \end{cases}$$

运用博弈论中逆向递归法求解。首先分析最后阶段，即给定供应链 1 的零售价格 p_1 和服务水平 s，供应链 2 如何决策其零售商价格 p_2 以实现其利润最大化。第二阶段，求得最优的 p_1 和 s。通过优化求解可得到如下命题。

命题5.1　给定 a，b，c_1 和 c_2，当两条供应链均为集中式结构时，

（1）博弈均衡 (p_1, p_2, s, q_1, q_2) 为：

$$\begin{cases} p_1 = \dfrac{2a\eta(2 + 5\theta + 3\theta^2) - (L_1 - (2 + (2 - k)\theta)^2)(c_1 + c_2)}{4\eta(2 + 6\theta + 5\theta^2 + \theta^3) - (2 + (2 - k)\theta)^2} \\[3mm] p_2 = \dfrac{aL_2 - L_3(c_1 + c_2)}{4\eta(2 + 6\theta + 5\theta^2 + \theta^3) - (2 + (2 - k)\theta)^2} \\[3mm] s = \dfrac{(2 + 3\theta)(2 + (2 - k)\theta)(a - c_1 - c_2)}{4\eta(2 + 6\theta + 5\theta^2 + \theta^3) - (2 + (2 - k)\theta)^2} \\[3mm] q_1 = \dfrac{\eta(4 + 14\theta + 14\theta^2 + 3\theta^3)(a - c_1 - c_2)}{4\eta(2 + 6\theta + 5\theta^2 + \theta^3) - (2 + (2 - k)\theta)^2} \\[3mm] q_2 = \dfrac{(1 + \theta)(a - c_1 - c_2)L_2}{4\eta(2 + 6\theta + 5\theta^2 + \theta^3) - (2 + (2 - k)\theta)^2} \end{cases}$$

其中，

$L_1 = 2\eta(2 + 7\theta + 7\theta^2 + 2\theta^3)$

$L_2 = k^2\theta - 2(1 + \theta) - k(2 + \theta) + \eta(4 + 10\theta + 5\theta^2)$

$L_3 = 2 + 6\theta + 4\theta^2 + k^2\theta(1 + \theta) - k(2 + 5\theta + 4\theta^2) - \eta(4 + 14\theta + 15\theta^2 + 4\theta^3)$

（2）两条供应链的整体最优利润分别为：

$$\begin{cases} T_1 = \dfrac{\eta(2+3\theta)^2(a-c_1-c_2)^2}{2(4\eta(2+6\theta+5\theta^2+\theta^3)-(2+(2-k)\theta)^2)} \\[4mm] T_2 = \dfrac{(1+\theta)L_2^2(a-c_1-c_2)^2}{(4\eta(2+6\theta+5\theta^2+\theta^3)-(2+(2-k)\theta)^2)^2} \end{cases}$$

5.3.2 领导者分散而追随者集中的混合结构下的博弈分析

DC 结构下领导者供应链的结构为分散式，追随者供应链为集中式。方便起见，假定供应链 1 由核心制造商 1 和一个排他性零售商 1 构成，供应链 2 上只有核心企业制造商 2。

具体的序贯博弈顺序为：第一阶段，作为领导者供应链上的核心企业，制造商 1 以批发价格 w_1 将产品批发给其下游零售商 1 并提供 s 水平的服务；第二阶段，零售商 1 给出最优零售价格 p_1；第三阶段，追随者供应链 2 决定最优零售价格 p_2。容易得到

制造商 1 的利润函数为：

$$M_1 = (w_1-c_1)(a-p_1+\theta(p_2-p_1)+s)-\frac{1}{2}\eta s^2$$

零售商 1 的利润函数为：

$$R_1 = (p_1-w_1-c_2)(a-p_1+\theta(p_2-p_1)+s)$$

制造商 2 的利润函数为：

$$M_2 = (p_2-c_1-c_2)(a-p_2+\theta(p_1-p_2)-ks)$$

运用逆向递归法求解可得到如下命题。

命题 5.2 给定 a，b，c_1 和 c_2，当领导者供应链结构为分散式而追随者为集中式时，

（1）子博弈精炼均衡 $(w_1, p_1, p_2, s, q_1, q_2)$ 为：

$$
\begin{cases}
w_1 = \dfrac{(2L_1 - (2 + (2-k)\theta)^2)c_1 + 4\eta(2 + 5\theta + 3\theta^2)(a - c_2)}{8\eta(2 + 6\theta + 5\theta^2 + \theta^3) - (2 + (2-k)\theta)^2} \\[4mm]
p_1 = \dfrac{\begin{aligned}&6a\eta(2 + 5\theta + 3\theta^2) - ((2 + (2-k)\theta)^2 - \\ &2\eta(2 + 9\theta + 11\theta^2 + 4\theta^3))(c_1 + c_2)\end{aligned}}{8\eta(2 + 6\theta + 5\theta^2 + \theta^3) - (2 + (2-k)\theta)^2} \\[4mm]
p_2 = \dfrac{aL_4 - L_5(c_1 + c_2)}{8\eta(2 + 6\theta + 5\theta^2 + \theta^3) - (2 + (2-k)\theta)^2} \\[4mm]
s = \dfrac{(2 + 3\theta)(2 + (2-k)\theta)(a - c_1 - c_2)}{8\eta(2 + 6\theta + 5\theta^2 + \theta^3) - (2 + (2-k)\theta)^2} \\[4mm]
q_1 = \dfrac{\eta(4 + 14\theta + 14\theta^2 + 3\theta^3)(a - c_1 - c_2)}{8\eta(2 + 6\theta + 5\theta^2 + \theta^3) - (2 + (2-k)\theta)^2} \\[4mm]
q_2 = \dfrac{(1 + \theta)L_4(a - c_1 - c_2)}{8\eta(2 + 6\theta + 5\theta^2 + \theta^3) - (2 + (2-k)\theta)^2}
\end{cases}
$$

其中,

$$
L_4 = k^2\theta - 2(1 + \theta) - k(2 + \theta) + \eta(8 + 22\theta + 13\theta^2)
$$
$$
L_5 = 2 + 6\theta + 4\theta^2 + k^2\theta(1 + \theta) - k(2 + 5\theta + 4\theta^2)
$$
$$
- \eta(8 + 26\theta + 27\theta^2 + 8\theta^3)
$$

（2）零售商 1 和两个核心制造商的最优利润为:

$$
\begin{cases}
R_1 = \dfrac{2\eta^2(1 + \theta)(2 + 3\theta)^2(2 + 4\theta + \theta^2)(a - c_1 - c_2)^2}{(8\eta(2 + 6\theta + 5\theta^2 + \theta^3) - (2 + (2-k)\theta)^2)^2} \\[4mm]
M_1 = \dfrac{\eta(2 + 3\theta)^2(a - c_1 - c_2)^2}{2(8\eta(2 + 6\theta + 5\theta^2 + \theta^3) - (2 + (2-k)\theta)^2)} \\[4mm]
M_2 = \dfrac{(1 + \theta)L_4^2(a - c_1 - c_2)^2}{(8\eta(2 + 6\theta + 5\theta^2 + \theta^3) - (2 + (2-k)\theta)^2)^2}
\end{cases}
$$

（3）两条供应链的最优利润分别为:

$$\begin{cases} T_1 = \dfrac{\eta(2+3\theta)^2(12\eta(2+6\theta+5\theta^2+\theta^3)-}{2(8\eta(2+6\theta+5\theta^2+\theta^3)-(2+(2-k)\theta)^2)^2} \\[4mm] \hspace{4mm} \dfrac{(2+(2-k)\theta)^2)(a-c_1-c_2)^2}{} \\[4mm] T_2 = \dfrac{(1+\theta)L_4^2(a-c_1-c_2)^2}{(8\eta(2+6\theta+5\theta^2+\theta^3)-(2+(2-k)\theta)^2)^2} \end{cases}$$

5.3.3 领导者集中而追随者分散的混合结构下的博弈分析

CD 结构下领导者供应链的结构为集中式，追随者供应链为分散式。为便于刻画，假定供应链 1 上只有核心企业制造商 1，供应链 2 由核心制造商 2 和排他性零售商 2 构成。

具体的序贯博弈顺序为：第一阶段，作为领导者的供应链 1 先行决定最优零售价格 p_1 和服务水平 s 以实现整体利润最大化；第二阶段，作为追随者供应链上的核心企业，制造商 2 以价格 w_2 将产品批发给其下游零售商 2；第三阶段，零售商 2 给出最优零售价格 p_2。容易得到

制造商 1 的利润函数为：

$$M_1 = (p_1 - c_1 - c_2)(a - p_1 + \theta(p_2 - p_1) + s) - \frac{1}{2}\eta s^2$$

零售商 2 的利润函数为：

$$R_2 = (p_2 - w_2 - c_2)(a - p_2 + \theta(p_1 - p_2) - ks)$$

制造商 2 的利润函数为：

$$M_2 = (w_2 - c_1)(a - p_2 + \theta(p_1 - p_2) - ks)$$

运用逆向递归法可得到如命题 5.3 所述均衡结果。

命题 5.3 给定 a，b，c_1 和 c_2，当领导者供应链结构为集中式而追随者为分散式时，

（1）子博弈精炼均衡（w_2，p_1，p_2，s，q_1，q_2）为：

$$\begin{cases} w_2 = \dfrac{L_6 c_1 + 2L_7(a - c_2)}{8\eta(4 + 12\theta + 9\theta^2 + \theta^3) - (4 + (4 - 3k)\theta)^2} \\[4mm] p_1 = \dfrac{4a\eta(4 + 11\theta + 7\theta^2) + (-(4 + (4 - 3k)\theta)^2 + 4\eta(4 + 13\theta + 11\theta^2 + 2\theta^3))(c_1 + c_2)}{8\eta(4 + 12\theta + 9\theta^2 + \theta^3) - (4 + (4 - 3k)\theta)^2} \\[4mm] p_2 = \dfrac{3aL_7 + L_8(c_1 + c_2)}{8\eta(4 + 12\theta + 9\theta^2 + \theta^3) - (4 + (4 - 3k)\theta)^2} \\[4mm] s = \dfrac{(4 + 7\theta)(4 + (4 - 3k)\theta)(a - c_1 - c_2)}{8\eta(4 + 12\theta + 9\theta^2 + \theta^3) - (4 + (4 - 3k)\theta)^2} \\[4mm] q_1 = \dfrac{\eta(16 + 60\theta + 60\theta^2 + 7\theta^3)(a - c_1 - c_2)}{8\eta(4 + 12\theta + 9\theta^2 + \theta^3) - (4 + (4 - 3k)\theta)^2} \\[4mm] q_2 = \dfrac{(1 + \theta)L_7(a - c_1 - c_2)}{8\eta(4 + 12\theta + 9\theta^2 + \theta^3) - (4 + (4 - 3k)\theta)^2} \end{cases}$$

其中，

$$L_6 = -3k^2\theta(2 + 3\theta) + k(8 + 26\theta + 24\theta^2) + 2\eta(8 + 28\theta + 27\theta^2 + 4\theta^3) - 8(1 + 3\theta + 2\theta^2)$$

$$L_7 = 3k^2\theta - k(4 + \theta) - 4(1 + \theta) + \eta(8 + 20\theta + 9\theta^2)$$

$$L_8 = 3k(4 + 9\theta + 8\theta^2) - 9k^2\theta(1 + \theta) - 4(1 + 5\theta + 4\theta^2) + \eta(8 + 36\theta + 45\theta^2 + 8\theta^3)$$

（2）零售商 2 和两个核心制造商的最优利润为：

$$\begin{cases} M_1 = \dfrac{\eta(4 + 7\theta)^2(a - c_1 - c_2)^2}{2(8\eta(4 + 12\theta + 9\theta^2 + \theta^3) - (4 + (4 - 3k)\theta)^2)} \\[4mm] M_2 = \dfrac{2(1 + \theta)L_7^2(a - c_1 - c_2)^2}{2(8\eta(4 + 12\theta + 9\theta^2 + \theta^3) - (4 + (4 - 3k)\theta)^2)^2} \\[4mm] R_2 = \dfrac{(1 + \theta)L_7^2(a - c_1 - c_2)^2}{2(8\eta(4 + 12\theta + 9\theta^2 + \theta^3) - (4 + (4 - 3k)\theta)^2)^2} \end{cases}$$

（3）两条供应链的最优总利润分别为：

$$\begin{cases} T_1 = \dfrac{\eta(4+7\theta)^2(a-c_1-c_2)^2}{2(8\eta(4+12\theta+9\theta^2+\theta^3)-(4+(4-3k)\theta)^2)} \\ T_2 = \dfrac{3(1+\theta)L_7^2(a-c_1-c_2)^2}{2(8\eta(4+12\theta+9\theta^2+\theta^3)-(4+(4-3k)\theta)^2)^2} \end{cases}$$

5.3.4 纯分散结构下的博弈分析

DD 结构下两条供应链的结构均为分散式，即核心企业制造商 i 及其下游零售商 i 构成供应链 i。具体的博弈过程：第一阶段，作为领导者供应链上的核心企业，制造商 1 以批发价格 w_1 将产品批发给其下游零售商 1，并决定最优服务水平 s；第二阶段，零售商 1 给出最优零售价格 p_1；第三阶段，作为追随者供应链上的核心企业，制造商 2 以价格 w_2 将产品批发给其下游零售商 2；第四阶段，零售商 2 决定最优零售价格 p_2 以最大化自身利润。容易得到核心企业制造商 1 和制造商 2 的利润函数分别为：

$$\begin{cases} M_1 = (w_1-c_1)(a-p_1+\theta(p_2-p_1)+s) - \dfrac{1}{2}\eta s^2 \\ M_2 = (w_2-c_1)(a-p_2+\theta(p_1-p_2)-ks) \end{cases}$$

零售商 1 和零售商 2 的利润函数分别为：

$$\begin{cases} R_1 = (p_1-w_1-c_2)(a-p_1+\theta(p_2-p_1)+s) \\ R_2 = (p_2-w_2-c_2)(a-p_2+\theta(p_1-p_2)-ks) \end{cases}$$

优化求解可得如下命题。

命题5.4 给定 a，b，c_1 和 c_2，当两条竞争供应链的结构均为分散式时，

（1）子博弈精炼均衡 $(w_1, w_2, p_1, p_2, s, q_1, q_2)$ 为：

$$\begin{cases} w_1 = \dfrac{(8\eta(4+13\theta+11\theta^2+2\theta^3)-(4+(4-3k)\theta)^2)c_1+8\eta(4+11\theta+7\theta^2)(a-c_2)}{16\eta(4+12\theta+9\theta^2+\theta^3)-(4+(4-3k)\theta)^2} \\[4mm] w_2 = \dfrac{L_9c_1+2L_{10}(a-c_2)}{16\eta(4+12\theta+9\theta^2+\theta^3)-(4+(4-3k)\theta)^2} \\[4mm] p_1 = \dfrac{12a\eta(4+11\theta+7\theta^2)+(4\eta(4+15\theta+15\theta^2+4\theta^3)-(4+(4-3k)\theta)^2)(c_1+c_2)}{16\eta(4+12\theta+9\theta^2+\theta^3)-(4+(4-3k)\theta)^2} \\[4mm] p_2 = \dfrac{3aL_7+L_{11}(c_1+c_2)}{16\eta(4+12\theta+9\theta^2+\theta^3)-(4+(4-3k)\theta)^2} \\[4mm] s = \dfrac{(4+7\theta)(4+(4-3k)\theta)(a-c_1-c_2)}{16\eta(4+12\theta+9\theta^2+\theta^3)-(4+(4-3k)\theta)^2} \\[4mm] q_1 = \dfrac{\eta(16+60\theta+60\theta^2+7\theta^3)(a-c_1-c_2)}{16\eta(4+12\theta+9\theta^2+\theta^3)-(4+(4-3k)\theta)^2} \\[4mm] q_2 = \dfrac{(1+\theta)L_{10}(a-c_1-c_2)}{16\eta(4+12\theta+9\theta^2+\theta^3)-(4+(4-3k)\theta)^2} \end{cases}$$

其中，

$$L_9 = k(8+26\theta+24\theta^2)-3k^2\theta(2+3\theta)+2\eta(16+52\theta+47\theta^2+8\theta^3)-2(1+3\theta+2\theta^2)$$

$$L_{10} = 3k^2\theta-k(4+\theta)-4(1+\theta)+\eta(16+44\theta+25\theta^2)$$

$$L_{11} = 3k(4+9\theta+8\theta^2)-9k^2\theta(1+\theta)-4(1+5\theta+4\theta^2)+\eta(16+60\theta+69\theta^2+16\theta^3)$$

（2）四个供应链成员企业的最优利润分别为：

$$\begin{cases} M_1 = \dfrac{\eta(4+7\theta)^2(a-c_1-c_2)^2}{2(16\eta(4+12\theta+9\theta^2+\theta^3)-(4+(4-3k)\theta)^2)} \\[4mm] R_1 = \dfrac{4\eta^2(4+7\theta)^2(4+12\theta+9\theta^2+\theta^3)(a-c_1-c_2)^2}{(16\eta(4+12\theta+9\theta^2+\theta^3)-(4+(4-3k)\theta)^2)^2} \\[4mm] M_2 = \dfrac{2(1+\theta)L_{10}^2(a-c_1-c_2)^2}{(16\eta(4+12\theta+9\theta^2+\theta^3)-(4+(4-3k)\theta)^2)^2} \\[4mm] R_2 = \dfrac{(1+\theta)L_{10}^2(a-c_1-c_2)^2}{(16\eta(4+12\theta+9\theta^2+\theta^3)-(4+(4-3k)\theta)^2)^2} \end{cases}$$

（3）两条供应链的最优总利润分别为：

$$
\begin{cases}
T_1 = \dfrac{\begin{array}{c}\eta(4+7\theta)^2\big(24\eta(4+12\theta+9\theta^2+\theta^3)\\ -(4+(4-3k)\theta)^2\big)(a-c_1-c_2)^2\end{array}}{2\big(16\eta(4+12\theta+9\theta^2+\theta^3)-(4+(4-3k)\theta)^2\big)^2} \\[4mm]
T_2 = \dfrac{3(1+\theta)L_{10}^2(a-c_1-c_2)^2}{\big(16\eta(4+12\theta+9\theta^2+\theta^3)-(4+(4-3k)\theta)^2\big)^2}
\end{cases}
$$

5.4 博弈均衡解比较分析

本节综合比较分析了四种竞争结构下服务负溢出系数和供应链间竞争程度对博弈均衡解的影响。

5.4.1 服务负溢出效应对均衡解的影响

为进一步分析服务负溢出效应对四种供应链竞争结构下均衡解的影响，首先将均衡解中的决策变量分别对服务负溢出系数求导，可以得到了如表 5.3 所述的结果。

表5.3   服务负溢出系数 k 对均衡解的影响

	$\dfrac{\partial p_1}{\partial k}$	$\dfrac{\partial p_2}{\partial k}$	$\dfrac{\partial s}{\partial k}$	$\dfrac{\partial w_1}{\partial k}$	$\dfrac{\partial w_2}{\partial k}$	$\dfrac{\partial T_1}{\partial k}$	$\dfrac{\partial T_2}{\partial k}$	$\dfrac{\partial M_1}{\partial k}$	$\dfrac{\partial R_1}{\partial k}$	$\dfrac{\partial M_2}{\partial k}$	$\dfrac{\partial R_2}{\partial k}$
CC	–	N	–	无	无	–	N	–	无	N	无
DC	–	N	–	–	无	–	N	–	–	N	无
CD	–	N	–	无	–	–	N	–	无	N	N
DD	–	–	–	–	N	–	N	–	–	N	N

注：–、N 分别表示负相关和关系暂不确定。

观察表 5.3 发现，在不同的供应链结构下，服务负溢出系数的变化对于供应链最优价格和服务水平决策的影响存在明显的差异，对供应链及其成员利润的影响也不尽相同。随着服务负溢出系数的增大，制造商 1 提供的最优服务水平及其利润下降，同时所在供应链 1 的零售价格和整体利润也下滑。更进一步，当供应链 1 为分散式结构时（即 DC 和 DD 模式），最优批发价格和零售商 1 的利润也随服务负溢出系数的增大而降低。

导致表 5.3 结果的主要原因是：在供应链间 Stackelberg 竞争中，当服务负溢出系数 k 增大时，由于服务负溢出效应使供应链 2 的市场需求数量 q_2 "流失"加剧。为保证利润最大化，供应链 2 存在被迫降价的动力（如 DD 模式中），由于链间价格竞争（替代性）使供应链 1 的需求数量 q_1 降低。供应链 1 同样为保证其利润最大化有两种对策：一是"增量"即通过降低价格 p_1 来刺激需求的提升，二是"降本"即降低服务水平 s 来减少服务成本投入。但从最终结果上看，供应链 1 的整体利润 T_1 和提供服务的制造商 1 的利润 M_1 依然受到不同程度地侵蚀。总体而言，服务负溢出系数的增大对服务提供方供应链 1 和制造商 1 是不利的。因此得到如下引理。

引理 5.1　服务负溢出系数的增大对提供服务的制造商及其供应链具有负激励作用，会降低服务提供者的绩效。

该引理说明服务负溢出效应对提供服务的供应链而言显然为负面因素，该引理与通常的认识有所不同。一般认为由于供应链网络中正外部性或溢出效应，对于未提供服务的供应链而言，会产生一种"搭便车"效果，这种"搭便车"会严重削弱服务提供方的积极性，而溢出效应为负时则会对服务提供方产生激励作用。例如，某品牌在某实体店中示范体验、细致讲解和售后保修等优质服务显然会提升该品牌和产品的影响力和顾客忠诚度，对于其他不提供服务或服务水平较差的实体店或电子渠道而言，由于负溢出效应导致更多潜在顾客流向服务水平较高的实体店，显然负溢出效应对该实体店有正向激励作用，负溢出效应越大越能激励服务提供者提升服务水平或服务质量。但本章研究发现，当竞争供应链间的权力或议价能力为"一强一弱"时，负溢出效应的存在并不会提高服务提供方的积极性，反而对其有一定的负激励作用，不利于服务水平的提高。但对未提供服务的供应链的决策影响暂时无法判定，还与供应链间的竞争程度、服务成本系数等参数有关。

5.4.2　竞争程度对均衡解的影响

进一步分析两条供应链间竞争程度对四种结构下均衡解的影响，本节采用了算例分析的方法，出于以下几点考虑：（1）考虑了本书的实际情况，即本书构建四个供应链竞争结构，每种结构下博弈均衡解除了供应链利润外还包含其他几个决策变量。如果直接进行均衡结果的比较可能需要分别对多个参数设置多个区间条件，整体上对结果无法直观地做出大小关系的判断。如若采用作图的方式，则要对多个参数进行赋值，同时也需做多个图来分析，存在诸多不便。（2）采用算例分析的方式，不仅可以横向比较竞争程度对每种供应链结构下均衡解中多个决策变量的影响，纵向上还可以比较竞争程度相同时不同供应链结构下的均衡解。此外，为使结果更具一般性和准确性，避免服务负溢出效应对均衡解的干扰，本节设计了服务溢出效应较低（$k=0.5$）和较高（$k=1$）两组对照实验。限于篇幅，仅对 p_1，p_2，s，T_1 和 T_2 五个最关键的决策变量进行分析。不失一般性，首先假设 $a=10$，$c_1=1$，$c_2=1$，$\eta=1$，依次假设 $\theta=0.1$，$\theta=0.3$，$\theta=0.5$，$\theta=0.7$，$\theta=0.9$。结果如表 5.4 所示。

表 5.4　　　　　　　　竞争程度对均衡解的影响

$k=0.5$		$\theta=0.1$	$\theta=0.3$	$\theta=0.5$	$\theta=0.7$	$\theta=0.9$
CC	p_1	8.77	7.43	6.68	6.18	5.81
	p_2	4.44	4.72	4.73	4.66	4.57
	s	6.61	5.12	4.29	3.75	3.36
	T_1	28.30	24.23	21.85	20.17	18.85
	T_2	6.55	9.61	11.19	12.05	12.51

续表

$k=0.5$		$\theta=0.1$	$\theta=0.3$	$\theta=0.5$	$\theta=0.7$	$\theta=0.9$
DC	p_1	9.32	8.41	7.80	7.34	6.97
	p_2	5.42	5.43	5.34	5.21	5.09
	s	2.39	2.01	1.77	1.60	1.46
	T_1	16.73	15.32	14.32	13.52	12.83
	T_2	12.92	15.29	16.71	17.60	18.15
CD	p_1	8.82	7.65	7.04	6.65	6.36
	p_2	5.67	6.10	6.16	6.10	6.00
	s	6.59	5.16	4.41	3.93	3.59
	T_1	29.13	26.50	25.20	24.33	23.66
	T_2	4.95	7.30	8.64	9.52	10.13
DD	p_1	9.45	8.77	8.34	8.02	7.76
	p_2	7.14	7.19	7.12	7.01	6.89
	s	2.40	2.06	1.85	1.70	1.58
	T_1	17.36	16.95	16.70	16.47	16.24
	T_2	9.70	11.68	13.12	14.24	16.16
$k=1$		$\theta=0.1$	$\theta=0.3$	$\theta=0.5$	$\theta=0.7$	$\theta=0.9$
CC	p_1	8.54	7.10	6.36	5.89	5.54
	p_2	3.70	3.93	4.18	4.25	4.23
	s	6.24	4.52	3.64	3.09	2.71
	T_1	27.33	22.77	20.36	18.75	17.54
	T_2	1.33	4.84	7.14	8.57	9.47
DC	p_1	9.23	8.26	7.63	7.17	6.81
	p_2	4.92	5.09	5.08	5.01	4.92
	s	2.30	1.84	1.56	1.37	1.22
	T_1	16.44	14.81	13.75	12.95	12.29
	T_2	9.38	12.41	14.26	15.46	16.24

$k=1$		$\theta=0.1$	$\theta=0.3$	$\theta=0.5$	$\theta=0.7$	$\theta=0.9$
CD	p_1	8.48	7.18	6.57	6.21	5.95
	p_2	3.78	5.04	5.54	5.56	5.55
	s	6.04	4.28	3.43	2.91	2.55
	T_1	27.70	24.30	22.86	22.02	21.41
	T_2	1.16	4.01	5.88	7.12	8.01
DD	p_1	9.32	8.53	8.08	7.76	7.51
	p_2	6.40	6.71	6.76	6.72	6.65
	s	2.27	1.80	1.52	1.33	1.18
	T_1	16.92	16.14	15.77	15.51	15.28
	T_2	7.11	9.60	11.33	12.63	13.68

从表 5.4 分析发现：（1）四种供应链竞争结构下，随着竞争强度 θ 的增大，最优服务水平 s 逐渐降低，供应链 1 的最优零售价格 p_1 和整体利润 T_1 逐渐降低，供应链 2 的整体利润 T_2 增大，而供应链 2 的最优零售价格 p_2 呈现出先增后减的变化趋势。（2）总体上，最优零售价格 $p_1 > p_2$，同时，随着竞争强度的增大，两条供应链零售价格间的差距越来越小。（3）当竞争强度较小时，$T_1 > T_2$，但两条供应链最优整体利润的差距随竞争强度的增大而逐渐减小，在 DC 结构下当竞争强度足够大时甚至会出现 $T_2 > T_1$ 的情况。因此得到如下引理。

引理 5.2 考虑供应链间服务负溢出效应时，竞争强度的加剧对提供服务的制造商及其供应链有负激励作用，侵蚀其绩效水平，而对不提供服务的供应链却能产生一定的搭便车效果使其受益。

引理 5.2 进一步说明了供应链间竞争强度和服务负溢出效应对两条供应链绩效影响的复杂性。当提供服务的供应链为 Stackelberg 博弈中的领导者时，供应链间竞争越激烈对其越不利。因此，提供服务的领导者供应链应采取一定措施降低链间竞争强度，从而缓解激烈竞争对其造成的不利影响。该引理在一定程度上解释了实际生产中强势供应链主动与中小竞争者寻求合作的现象，如通过联盟、兼并或交叉持股等方式减小竞争对其绩效的侵蚀。如 2017 年 8 月，国内外卖市场份额占比较大的饿了么成功收购了相对较弱的百度外卖，使外卖行业的市场格局从饿了么（41.7%）、美团外卖（41%）和百度外卖（13.2%）三足鼎立演变为饿了么（54.1%）和美团外卖（41.5%）的双雄争霸。[171]就饿了么和百度外卖这两条一强一弱的竞争供应链而言，收购前，两条供应链竞争比较激烈，业务同质化、渠道交叉重叠比较严重，存在明显的服务负溢出效应；但收购后通过一系列渠道优势整合提高了整体竞争优势和市场份额，增强了整体品牌效应和盈利能力。该结果变化也进一步支持了引理 5.2 的发现。

同时，观察表 5.4 还发现，当追随者供应链 2 的结构保持不变，领导者供应链 1 的结构从集中式变成分散式，存在 $p_1^{DC} > p_1^{CC}$，$T_1^{DC} < T_1^{CC}$，$p_1^{DD} > p_1^{CD}$，$T_1^{DD} < T_1^{CD}$，说明供应链 1 从集中到分散的结构变化产生双重边际化效应，直接导致其整体利润水平的下降，但对于供应链 2，存在 $T_2^{DC} > T_2^{CC}$，$T_2^{DD} > T_2^{CD}$，反映出领导者供应链结构从集中到分散的变化会对追随者供应链产生正外部性，从而改善追随者供应链的绩效；当领导者供应链 1 的结构保持不变，追随者供应链 2 的结构从集中式变成分散式，发现 $p_2^{CD} > p_2^{CC}$，$T_2^{CD} < T_2^{CC}$，$p_2^{DD} > p_2^{DC}$，$T_2^{DD} < T_2^{DC}$，说明供应链 2 的结构变动同样出现双重边际化效应，但对于供应链 1，存在 $T_1^{CD} > T_1^{CC}$，$T_1^{DD} > T_1^{DC}$，说明追随者供应链从集中式到分散式的结构变化同样会对领导者供应链产生正外部性。综合得到如下引理。

引理 5.3　在供应链间 Stackelberg 竞争下，当一条供应链结构保持不变，另一条供应链从集中式变为分散式结构时，会出现双重边际化效应，同时会产生正外部性，促进竞争供应链绩效的提升。

该引理表明，从供应链网络和竞争的视角看，从集中到分散的供应链结构变化，尽管对于自身来说由于"自利"的双重边际化导致绩效下滑，但该结构变化有一定的"利他性"，即由于网络外部性会提升与之竞争的供应链的绩效。

此外，表 5.4 结果还发现：四种供应链竞争结构下，服务负溢出效应较高的实验组中服务水平 s、供应链 1 的零售价格 p_1 及其整体利润 T_1 均比溢出效应较低的实验组小，反映出服务负溢出效应对服务提供者的负激励作用，该发现也进一步验证了引理 5.1 的结论。

5.5　数值实验

本节数值实验部分重点关注服务负溢出效应对供应链最优利润和最优服务水平的影响，同时在最优服务水平分析时也兼顾了供应链间竞争程度对服务水平决策的影响。

为进一步分析服务负溢出效应对供应链最优利润的影响，数值实验部分首先分别比较了 CC、DC、CD 和 DD 四种竞争结构下供应链 1 和供应链 2 的最优利润及其变化趋势。不失一般性，假设 $a = 10$，$c_1 = 1$，$c_2 = 1$，$\eta = 1$，$\theta = 0.5$，令溢出系数 k 从 0 变到 1，观测其变动如何影响两条供应链利润。实验结果如图 5.2 和图 5.3 所示。

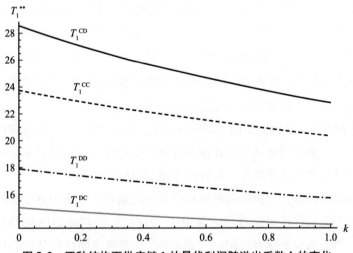

图 5.2　四种结构下供应链 1 的最优利润随溢出系数 k 的变化

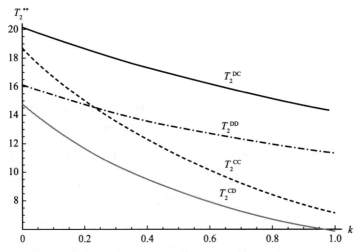

图 5.3　四种结构下供应链 2 的最优利润随溢出系数 k 的变化

观察图 5.2 和图 5.3,可发现:

(1)在不同的供应链竞争结构下,服务负溢出系数 k 对供应链整体利润的影响不尽相同。从整体上看,随着溢出系数 k 的增大,图 5.2 中四种竞争结构下提供服务的领导者供应链 1 的整体最优利润均呈现下降趋势。该结果验证了表 5.3 和引理 5.1 的部分结论,即服务负溢出系数的增大对服务提供方供应链 1 具有负激励作用。同时,图 5.3 中四种竞争结构下追随者供应链 2 的利润也随服务负溢出效应的增大而减小。该结果表明,当服务负溢出效应增大时,不提供服务的追随者供应链 2 由于负溢出效应导致其整体利润下滑,主要原因是负溢出效应的增大使供应链 2 的市场需求流失加剧,从而侵蚀其整体绩效。

(2)图 5.2 中存在 $T_1^{DC} < T_1^{CC}$,$T_1^{DD} < T_1^{CD}$,说明当供应链 2 结构保持不变时,供应链 1 从集中到分散的结构变化使其本身的供应链整体利润下降,产生双重边际化效应,图 5.3 中发现 $T_2^{CD} < T_2^{CC}$,$T_2^{DD} < T_2^{DC}$,说明当供应链 1 结构保持不变时,供应链 2 的结构变动同样产生双重边际化效应。该发现也符合表 5.4 中部分结果。表明:当竞争供应链结构不变时,集中式结构是该供应链的最优决策。

（3）图 5.2 中存在 $T_1^{CD} > T_1^{CC}$，$T_1^{DD} > T_1^{DC}$，图 5.3 中存在 $T_2^{DC} > T_2^{CC}$，$T_2^{DD} > T_2^{CD}$，反映出当另一条竞争者供应链结构保持不变时，供应链本身从集中到分散的结构变动会产生正外部性，从而促进与之竞争的供应链绩效提升。该结果进一步验证了表 5.4 和引理 5.3 的发现，说明在供应链与供应链竞争中，其中一条供应链从集中到分散的结构变动具有一定的"利他性"，有利于另一条供应链绩效的改善。该发现验证了文献 [101] 在两条权力对等的供应链间竞争下的结论。共同表明：两条竞争供应链，无论二者权力地位如何，一条供应链从集中到分散的结构变化总能促使另一条竞争供应链的绩效提升。

在供应链最优服务水平变化研究中，首先分别刻画了 CC、DC、CD 和 DD 四种竞争结构下供应链间竞争程度 θ 和服务负溢出效应 k 对最优服务水平的影响。同样，假设 $a = 10$，$c_1 = 1$，$c_2 = 1$，$\eta = 1$，令竞争程度 θ 从 0 变到 1，同时令溢出系数 k 从 0 变到 1，观测二者同时变动如何影响供应链最优服务水平。实验结果如图 5.4 ~ 图 5.7 所示。

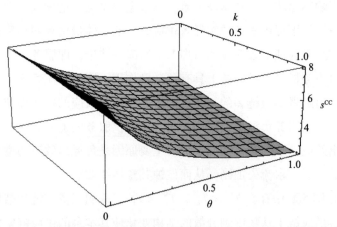

图 5.4　CC 结构下供应链最优服务水平随竞争程度 θ 和溢出系数 k 的变化

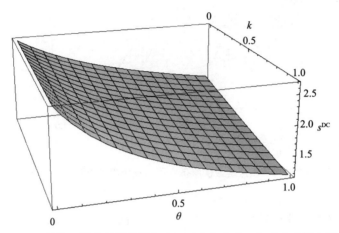

图 5.5　DC 结构下供应链最优服务水平随竞争程度 θ 和溢出系数 k 的变化

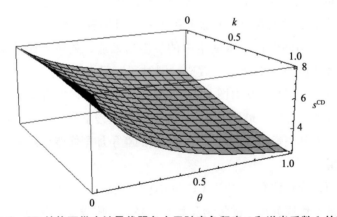

图 5.6　CD 结构下供应链最优服务水平随竞争程度 θ 和溢出系数 k 的变化

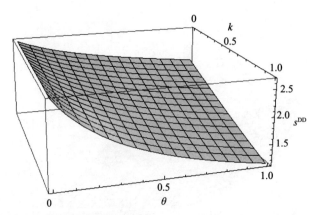

图 5.7　DD 结构下供应链最优服务水平随竞争程度 θ 和溢出系数 k 的变化

　　观察图 5.4～图 5.7 可以发现：总体而言，四种结构下供应链最优服务水平均随供应链间竞争程度和服务负溢出效应的增大而降低。该结果也进一步验证了表 5.4 的部分发现，反映出供应链间竞争程度和服务负溢出效应都对提供服务的领导者供应链或制造商具有一定负激励作用。继而，若要激发服务提供者提升服务水平的积极性，运营实践中应努力降低供应链网络中的负溢出效应，避免未提供服务的供应链及其成员的"搭便车"效应，同时还要努力避免过分激烈的供应链间竞争。原因是，从对图 5.4～图 5.7 的观察可以发现，随着供应链间竞争程度的加剧，最优服务水平不是平稳缓慢下降而是呈现快速下降的趋势。尤其当竞争程度较弱时，小幅的竞争加剧便能导致服务水平的急剧下滑。

　　进而，为对比 CC、DC、CD 和 DD 四种竞争结构下服务负溢出效应对供应链最优服务水平的影响及其变化趋势，假设 $a = 10$，$c_1 = 1$，$c_2 = 1$，$\eta = 1$，$\theta = 0.5$，令溢出系数 k 从 0 变到 1，观测其变动如何影响供应链最优服务水平。实验结果如图 5.8 所示。

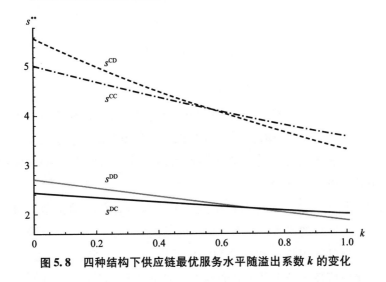

图5.8　四种结构下供应链最优服务水平随溢出系数 k 的变化

观察图5.8可以发现，总体上四种结构下供应链最优服务水平随溢出系数的增大而降低，但四种结构下的具体变化也存在一定差异。

首先，CD和CC结构下的供应链最优服务水平要远高于DD和DC结构。即集中式结构下的领导者供应链更愿意提供更高水平的服务。同时，结合图5.2，领导者供应链在集中式结构下也能获取更高的利润。

其次，尽管四种结构下最优服务水平均随溢出系数的增大而降低，但CD和CC结构下服务水平降低的幅度比DD和DC结构下的更大，下滑更快。即当领导者供应链为集中式结构时，服务水平随溢出系数增大而降低的幅度较大。换言之，集中式供应链结构下，服务负溢出效应对服务提供者的负激励作用比分散式结构下表现得更明显。

此外，若领导者供应链结构不变，对于追随者供应链而言，当服务负溢出较小时，分散式结构下的领导者提供的服务水平较高，而当服务溢出效应较大时，追随者集中式结构下领导者提供的服务水平更高。

5.6 本章小结

本章考虑权力不对等型供应链与供应链间 Stackelberg 竞争与服务负溢出效应，构建 CC、DC、CD 和 DD 四种竞争模型研究制造商主导型供应链的最优服务决策与竞争问题，通过优化求得四种结构下的博弈均衡解，分析得到如下结论：

（1）服务负溢出效应对提供服务的供应链有负激励作用，即随着服务负溢出效应的增大，制造商提供的最优服务水平和利润下降，同时所在供应链的零售价格和整体利润也下滑。该结论验证了文献［151］中负溢出效应使服务水平下降的结论，但与之不同的是，本章发现提供服务的供应链的最优批发价格随服务负溢出系数的增大而减小，并进一步发现了零售价格和供应链利润与溢出效应的负相关关系，但文献［151］在制造商主导型双渠道供应链中认为当服务负溢出系数增大时，最优批发价格上升。导致该结论差异的原因可能是供应链竞争结构和服务提供者的设定有所不同。

（2）从供应链网络和竞争的视角看，供应链结构从集中到分散的变化存在一定的"利他性"，即当一条供应链结构保持不变另一条供应链从集中式变为分散式结构时，会出现双重边际化效应，同时会产生正外部性，促进竞争供应链的绩效显著提升。该发现与文献［101］在供应链与供应链间 Nash 竞争下得到的正外部性结论一致，但不同的是，本章考虑服务负溢出效应的链间 Stackelberg 竞争下集中式结构的绩效高于分散式，而文献［101］认为分散式供应链绩效更高。造成这种不同结果的原因很可能是两条供应链的权力结构设定不同，即本章为一强一弱型，而文献［101］为权力对等型。

（3）供应链间竞争对提供服务的制造商及其供应链具有负激励作用，而对于不提供服务的供应链却能产生一定的搭便车效果使其受益，且搭便车效果随竞争程度的增大而变得愈加明显。

（4）领导者供应链在集中式结构下更愿意提供更高水平的服务，同时也能获得更高的利润。若领导者供应链结构不变，对于追随者供应链而言，当服务负溢出较小时，分散式结构下的领导者提供的服务水平较高，而当服务溢出效应较大时，追随者供应链为集中式结构时领导者提供的服务水平更高。

本章得到的管理启示如下：（1）两条供应链竞争中，为激励供应链或其成员企业改善服务水平，应努力降低服务负溢出效应，实际中可避免过多同质化服务和产品上的投入，而是应从顾客角度出发，结合消费场景、创新体验和供应链自身优势，提供更多区别于竞争者的个性化、高价值服务，提升消费者体验和效用，继而提升供应链竞争优势和整体绩效水平。（2）在实际的供应链运营管理中，应避免过激的供应链竞争以降低其负激励作用，如通过契约合同、交叉持股或兼并等横向一体化的举措实现从竞争到合作的转变，整合各自供应链的渠道、品牌和营销等优势，配套设计合理的激励机制共同分担服务成本、分享服务所带来的利润增长，从而改善供应链绩效。

第6章

零售商主导型供应链间竞争下考虑
服务负溢出效应的供应链决策

本章在第 5 章的基础上进一步拓展和延伸，研究了实际生产运营中另一种常见的情况：两条竞争的零售商主导型（RS）供应链。考虑供应链间 Stackelberg 竞争与服务负溢出效应，构建了纯集中结构（CC）、领导者为分散式而追随者为集中式的混合结构（DC）、领导者为集中式而追随者为分散式的混合结构（CD）和纯分散结构（DD）四种竞争供应链结构模型，并通过均衡解对比分析研究了零售商主导型供应链的最优服务决策与竞争问题。

6.1　问题的提出

本章通过博弈模型构建和优化求解，试图回答如下问题：每种供应链结构下的博弈均衡解是什么？哪种结构下的供应链绩效最优？当结构发生变化时供应链绩效会发生什么样的变化？服务负溢出效应如何影响供应链最优决策？对服务提供者会产生怎样的影响？对未提供服务一方的影响又如何？这种影响在不同结构中是否存在差异？供应链间竞争强度如何影响供应链决策？在此基础上本书进一步与第四章权力不对等的制造商主导供应链间竞争与服务决策进行比较，分析当供应链内权力地位发生变化后上述问题的结果是否会发生变化？具体变化是什么？

6.2　模型描述与基本假设

首先假设两条供应链的议价权力、市场地位不对等，即"一强一弱"型 Stackelberg 博弈。不失一般性，假设供应链 1 是该博弈中的领导者，供应链 2 为追随者。为对比分析服务在供应链竞争网络中的负溢出效应，本章假设仅领导者供应链 1 中占主导地位的零售商 1 提供服务，零售商 2 作为对比参照组。对于两条供应链，理论上将存在如表 6.1 所示的四种供应链结构组合。

表 6.1　　　　　　　　　　供应链结构组合

项目	供应链 2 为集中式	供应链 2 为分散式
供应链 1 为集中式	（CC）	（CD）
供应链 1 为分散式	（DC）	（DD）

为便于研究，本章的四种供应链结构设计如图 6.1 所示。

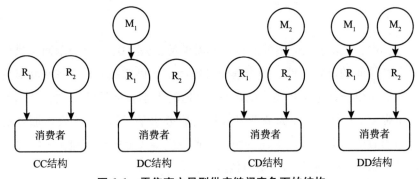

图 6.1　零售商主导型供应链间竞争下的结构

本模型涉及的符号如表6.2所示。

表6.2 参数表

符号	意义
M_i	制造商 i 的利润
R_i	零售商 i 的利润
T_i	供应链 i 的利润
p_i	单位产品的零售价格
q_i	供应链 i 的市场需求量
w_i	单位产品的批发价格
θ	两条供应链间的价格竞争强度
s	零售商为顾客提供的服务水平
k	服务负溢出效应
η	服务成本系数
a	市场规模
c_1	单位产品的制造成本
c_2	单位产品的销售成本

对于需求函数，参照文献［150 – 152］等的研究，本章假设供应链1的需求函数为：$q_1 = a - p_1 + \theta(p_2 - p_1) + s$，供应链2的需求函数为：$q_2 = a - p_2 + \theta(p_1 - p_2) - ks$。

其中，a 表示供应链的潜在基本需求量，$\theta \in (0, 1)$ 表示两条供应链上产品间的可替代性，即当其他参数固定，供应链 i 的价格变动对另一条竞争供应链上市场需求的影响，θ 值的大小直接反映出供应链间的竞争强度。s 为零售商为消费者提供的服务水平。另外，k 表示服务的负溢出效应，即供应链1提供服务导致供应链2上的顾客流失，$0 < k < 1$，k 值越大表示服务的负溢出效应越强。

类似于第5章，同样假定服务成本为二次型函数，即 $c(s) = \dfrac{1}{2}\eta s^2$。

6.3　模型构建及求解

根据实际研究需要，本节构建了 CC、DC、CD 和 DD 四种供应链结构下的竞争模型，并分别求得每种博弈下的均衡解。

6.3.1　纯集中结构下的博弈分析

首先分析 CC 结构，即两条竞争供应链的结构均为集中式。为便于刻画，每条供应链 i 上只有一个核心企业即零售商 i。

具体博弈顺序为：首先，领导者供应链 1 在博弈中的主导地位使其有一定先动优势，先行决定最优零售价格 p_1 和最优服务水平 s 以实现自身利润最大化；其次，追随者供应链 2 在观察到供应链 1 的决策行动后决定最优零售价格 p_2 以实现其整体利润最大化。容易得到两条供应链的利润函数分别为：

$$\begin{cases} T_1 = (p_1 - c_1 - c_2)(a - p_1 + \theta(p_2 - p_1) + s) - \dfrac{1}{2}\eta s^2 \\ T_2 = (p_2 - c_1 - c_2)(a - p_2 + \theta(p_1 - p_2) - ks) \end{cases}$$

运用博弈论中逆向递归法求解。首先分析最后阶段，即给定供应链 1 的零售价格 p_1 和服务水平 s，供应链 2 如何决策其零售商价格 p_2 以实现其利润最大化。第二阶段，求得最优的 p_1 和 s。通过优化求解可得到如下命题。

命题 6.1　给定 a，b，c_1 和 c_2，当两条供应链均为集中式结构时：

（1）博弈均衡 (p_1, p_2, s, q_1, q_2) 为：

$$\begin{cases} p_1 = \dfrac{2a\eta(2+5\theta+3\theta^2) - (J_1 - (2+(2-k)\theta)^2)(c_1+c_2)}{4\eta(2+6\theta+5\theta^2+\theta^3) - (2+(2-k)\theta)^2} \\[4mm] p_2 = \dfrac{aJ_2 - J_3(c_1+c_2)}{4\eta(2+6\theta+5\theta^2+\theta^3) - (2+(2-k)\theta)^2} \\[4mm] s = \dfrac{(2+3\theta)(2+(2-k)\theta)(a-c_1-c_2)}{4\eta(2+6\theta+5\theta^2+\theta^3) - (2+(2-k)\theta)^2} \\[4mm] q_1 = \dfrac{\eta(4+14\theta+14\theta^2+3\theta^3)(a-c_1-c_2)}{4\eta(2+6\theta+5\theta^2+\theta^3) - (2+(2-k)\theta)^2} \\[4mm] q_2 = \dfrac{(1+\theta)(a-c_1-c_2)J_2}{4\eta(2+6\theta+5\theta^2+\theta^3) - (2+(2-k)\theta)^2} \end{cases}$$

其中，

$$J_1 = 2\eta(2+7\theta+7\theta^2+2\theta^3)$$

$$J_2 = k^2\theta - 2(1+\theta) - k(2+\theta) + \eta(4+10\theta+5\theta^2)$$

$$J_3 = 2+6\theta+4\theta^2 + k^2\theta(1+\theta) - k(2+5\theta+4\theta^2)$$
$$\quad - \eta(4+14\theta+15\theta^2+4\theta^3)$$

（2）两条供应链的整体最优利润分别为：

$$\begin{cases} T_1 = \dfrac{\eta(2+3\theta)^2(a-c_1-c_2)^2}{2(4\eta(2+6\theta+5\theta^2+\theta^3) - (2+(2-k)\theta)^2)} \\[4mm] T_2 = \dfrac{(1+\theta)J_2^2(a-c_1-c_2)^2}{(4\eta(2+6\theta+5\theta^2+\theta^3) - (2+(2-k)\theta)^2)^2} \end{cases}$$

6.3.2 领导者分散而追随者集中的混合结构下的博弈分析

DC 结构下领导者供应链的结构为分散式，追随者供应链为集中式。方便起见，假定供应链 1 由核心零售商 1 和一个排他性上游制造商 1 构成，供应链 2 上只有核心企业零售商 2。

具体的序贯博弈顺序为：第一阶段，作为领导者的供应链 1 先行行动，占主导地位的零售商 1 决定最优服务水平 s 和零售价格 p_1；第二阶段，制造商 1 决定产品最优批发价格 w_1；第三阶段，追随者供应链 2 决定最优零售价格 p_2。容易得到：

制造商 1 的利润函数为：

$$M_1 = (w_1 - c_1)(a - p_1 + \theta(p_2 - p_1) + s)$$

零售商 1 的利润函数为：

$$R_1 = (p_1 - w_1 - c_2)(a - p_1 + \theta(p_2 - p_1) + s) - \frac{1}{2}\eta s^2$$

零售商 2 的利润函数为：

$$R_2 = (p_2 - c_1 - c_2)(a - p_2 + \theta(p_1 - p_2) - ks)$$

运用逆向递归法求解可得到如下命题。

命题 6.2　给定 a，b，c_1 和 c_2，当领导者供应链结构为分散式而追随者为集中式结构时，

（1）子博弈精炼均衡 $(w_1, p_1, p_2, s, q_1, q_2)$ 为：

$$
\begin{cases}
w_1 = \dfrac{(2 + 5\theta + 2\theta^2)c_1 + (2 + 3\theta)(a - c_2)}{2(2 + 4\theta + \theta^2)} \\[3mm]
p_1 = \dfrac{a(2 + 3\theta)(6\eta(2 + 6\theta + 5\theta^2 + \theta^3) - (2 + (2 - k)\theta)^2) + J_4(c_1 + c_2)}{2(2 + 4\theta + \theta^2)(4\eta(2 + 6\theta + 5\theta^2 + \theta^3) - (2 + (2 - k)\theta)^2)} \\[3mm]
p_2 = \dfrac{aJ_5 - J_6(c_1 + c_2)}{2(2 + 4\theta + \theta^2)(4\eta(2 + 6\theta + 5\theta^2 + \theta^3) - (2 + (2 - k)\theta)^2)} \\[3mm]
s = \dfrac{(2 + 3\theta)(2 + (2 - k)\theta)(a - c_1 - c_2)}{8\eta(2 + 6\theta + 5\theta^2 + \theta^3) - 2(2 + (2 - k)\theta)^2} \\[3mm]
q_1 = \dfrac{\eta(2 + 3\theta)(2 + 4\theta + \theta^2)(a - c_1 - c_2)}{8\eta(2 + 6\theta + 5\theta^2 + \theta^3) - 2(2 + (2 - k)\theta)^2} \\[3mm]
q_2 = \dfrac{(1 + \theta)J_5(a - c_1 - c_2)}{2(2 + 4\theta + \theta^2)(4\eta(2 + 6\theta + 5\theta^2 + \theta^3) - (2 + (2 - k)\theta)^2)}
\end{cases}
$$

其中，

$$J_4 = 2\eta(4 + 26\theta + 60\theta^2 + 61\theta^3 + 27\theta^4 + 4\theta^5)$$
$$- (2 + (2 - k)\theta)^2(2 + 5\theta + 2\theta^2)$$
$$J_5 = k^2\theta(2 + 3\theta - \theta^2) + k(-4 - 6\theta + 6\theta^2 + 7\theta^3) - 2(4 + 14\theta + 15\theta^2 + 5\theta^3)$$
$$+ \eta(16 + 76\theta + 122\theta^2 + 74\theta^3 + 13\theta^4)$$

$$J_6 = k^2\theta(2 + 7\theta + 7\theta^2 + 2\theta^3) - k(4 + 22\theta + 42\theta^2 + 33\theta^3 + 8\theta^4)$$
$$+ k^2\theta(2 + 7\theta + 7\theta^2 + 2\theta^3) - k(4 + 22\theta + 42\theta^2 + 33\theta^3 + 8\theta^4)$$

（2）制造商 1 和两个核心零售商的最优利润分别为：

$$\begin{cases} R_1 = \dfrac{\eta(2+3\theta)^2(a-c_1-c_2)^2}{8(4\eta(2+6\theta+5\theta^2+\theta^3) - (2+(2-k)\theta)^2)} \\[3mm] M_1 = \dfrac{\eta(2+3\theta)^2(a-c_1-c_2)^2}{4(4\eta(2+6\theta+5\theta^2+\theta^3) - (2+(2-k)\theta)^2)} \\[3mm] R_2 = \dfrac{(1+\theta)J_5^2(a-c_1-c_2)^2}{4(2+4\theta+\theta^2)^2(4\eta(2+6\theta+5\theta^2+\theta^3) - (2+(2-k)\theta)^2)^2} \end{cases}$$

（3）两条供应链的最优总利润分别为：

$$\begin{cases} T_1 = \dfrac{3\eta(2+3\theta)^2(a-c_1-c_2)^2}{8(4\eta(2+6\theta+5\theta^2+\theta^3) - (2+(2-k)\theta)^2)} \\[3mm] T_2 = \dfrac{(1+\theta)J_5^2(a-c_1-c_2)^2}{4(2+4\theta+\theta^2)^2(4\eta(2+6\theta+5\theta^2+\theta^3) - (2+(2-k)\theta)^2)^2} \end{cases}$$

6.3.3 领导者集中而追随者分散的混合结构下的博弈分析

对于 CD 结构假设领导者供应链的结构为集中式，追随者供应链为分散式。为便于刻画，假定供应链 1 上只有核心企业零售商 1，供应链 2 则由核心零售商 2 和一个排他性制造商 2 构成。

具体的序贯博弈顺序为：第一阶段，作为领导者的供应链 1 先行决定最优零售价格 p_1 和最优服务水平 s 以实现其整体利润最大化；第二阶段，追随者供应链上占主导地位的零售商 2 决定最优零售价格 p_2；第三阶段，制造商 2 决定最优批发价格 w_2。容易得到：

零售商 1 的利润函数为：

$$R_1 = (p_1 - c_1 - c_2)(a - p_1 + \theta(p_2 - p_1) + s) - \frac{1}{2}\eta s^2$$

零售商 2 的利润函数为：

$$R_2 = (p_2 - w_2 - c_2)(a - p_2 + \theta(p_1 - p_2) - ks)$$

制造商 2 的利润函数为:

$$M_2 = (w_2 - c_1)(a - p_2 + \theta(p_1 - p_2) - ks)$$

运用逆向递归法可得到如命题 6.3 所述的均衡结果。

命题 6.3 给定 a, b, c_1 和 c_2, 当领导者供应链结构为集中式而追随者为分散式结构时:

(1) 子博弈精炼均衡 $(w_2, p_1, p_2, s, q_1, q_2)$ 为:

$$
\begin{cases}
w_2 = \dfrac{J_7 c_1 + 2J_8(a - c_2)}{8\eta(4 + 12\theta + 9\theta^2 + \theta^3) - (4 + (4 - 3k)\theta)^2} \\[4mm]
p_1 = \dfrac{\begin{array}{c}4a\eta(4 + 11\theta + 7\theta^2) + (4\eta(4 + 13\theta + 11\theta^2 + 2\theta^3) - \\ (4 + (4 - 3k)\theta)^2)(c_1 + c_2)\end{array}}{8\eta(4 + 12\theta + 9\theta^2 + \theta^3) - (4 + (4 - 3k)\theta)^2} \\[6mm]
p_2 = \dfrac{3aJ_8 + J_9(c_1 + c_2)}{8\eta(4 + 12\theta + 9\theta^2 + \theta^3) - (4 + (4 - 3k)\theta)^2} \\[4mm]
s = \dfrac{(4 + 7\theta)(4 + (4 - 3k)\theta)(a - c_1 - c_2)}{8\eta(4 + 12\theta + 9\theta^2 + \theta^3) - (4 + (4 - 3k)\theta)^2} \\[4mm]
q_1 = \dfrac{\eta(16 + 60\theta + 60\theta^2 + 7\theta^3)(a - c_1 - c_2)}{8\eta(4 + 12\theta + 9\theta^2 + \theta^3) - (4 + (4 - 3k)\theta)^2} \\[4mm]
q_2 = \dfrac{(1 + \theta)J_8(a - c_1 - c_2)}{8\eta(4 + 12\theta + 9\theta^2 + \theta^3) - (4 + (4 - 3k)\theta)^2}
\end{cases}
$$

其中,

$$J_7 = -3k^2\theta(2 + 3\theta) + k(8 + 26\theta + 24\theta^2) - 8(1 + 3\theta + 2\theta^2)$$
$$\quad + 2\eta(8 + 28\theta + 27\theta^2 + 4\theta^3)$$

$$J_8 = -3k^2\theta(1 + \theta) + k(4 + 8\theta + 7\theta^2) + \theta(-4(1 + \theta) + \eta(4 + 8\theta + \theta^2))$$

$$J_9 = -9k^2\theta(1 + \theta) + 3k(4 + 9\theta + 8\theta^2) - 4(1 + 5\theta + 4\theta^2)$$
$$\quad + \eta(8 + 36\theta + 45\theta^2 + 8\theta^3)$$

(2) 制造商 2 和两个核心零售商的最优利润分别为:

$$\begin{cases} R_1 = \dfrac{\eta(4+7\theta)^2(a-c_1-c_2)^2}{2(8\eta(4+12\theta+9\theta^2+\theta^3)-(4+(4-3k)\theta)^2)} \\[3ex] M_2 = \dfrac{2(1+\theta)J_8^2(a-c_1-c_2)^2}{(8\eta(4+12\theta+9\theta^2+\theta^3)-(4+(4-3k)\theta)^2)^2} \\[3ex] R_2 = \dfrac{(1+\theta)J_8^2(a-c_1-c_2)^2}{(8\eta(4+12\theta+9\theta^2+\theta^3)-(4+(4-3k)\theta)^2)^2} \end{cases}$$

（3）两条供应链的最优整体利润分别为：

$$\begin{cases} T_1 = \dfrac{\eta(4+7\theta)^2(a-c_1-c_2)^2}{2(8\eta(4+12\theta+9\theta^2+\theta^3)-(4+(4-3k)\theta)^2)} \\[3ex] T_2 = \dfrac{3(1+\theta)J_8^2(a-c_1-c_2)^2}{(8\eta(4+12\theta+9\theta^2+\theta^3)-(4+(4-3k)\theta)^2)^2} \end{cases}$$

6.3.4　纯分散结构下的博弈分析

DD 结构下两条竞争供应链的结构均为分散式，即核心企业零售商 i 及制造商 i 构成供应链 i。具体的博弈过程：第一阶段，作为领导者供应链上的核心企业，零售商 1 决定最优服务水平 s 和零售价格 p_1；第二阶段，制造商 1 给出最优批发价格 w_1；第三阶段，作为追随者供应链上的核心企业，零售商 2 决定最优零售价格 p_2 以最大化自身利润；第四阶段，制造商 2 决定最优批发价格 w_2。容易得到核心企业零售商 1 和零售商 2 的利润函数分别为：

$$\begin{cases} R_1 = (p_1-w_1-c_2)(a-p_1+\theta(p_2-p_1)+s)-\dfrac{1}{2}\eta s^2 \\[2ex] R_2 = (p_2-w_2-c_2)(a-p_2+\theta(p_1-p_2)-ks) \end{cases}$$

制造商 1 和制造商 2 的利润函数分别为：

$$\begin{cases} M_1 = (w_1-c_1)(a-p_1+\theta(p_2-p_1)+s) \\[2ex] M_2 = (w_2-c_1)(a-p_2+\theta(p_1-p_2)-ks) \end{cases}$$

优化求解可得如下命题。

命题 6.4　给定 a，b，c_1 和 c_2，当两条供应链的结构均为分散式时：

（1）子博弈精炼均衡 $(w_1, w_2, p_1, p_2, s, q_1, q_2)$ 为：

$$
\begin{cases}
w_1 = \dfrac{(4+9\theta+2\theta^2)c_1+(4+7\theta)(a-c_2)}{2(4+8\theta+\theta^2)} \\[3mm]
w_2 = \dfrac{2J_8(a-c_2)+J_{10}((4+9\theta+2\theta^2)c_1+(4+7\theta)(a-c_2))+J_{11}c_1}{8\eta(4+12\theta+9\theta^2+\theta^3)-(4+(4-3k)\theta)^2} \\[3mm]
p_1 = \dfrac{\begin{array}{c}a(4+7\theta)(12\eta(4+12\theta+9\theta^2+\theta^3)-\\(4+(4-3k)\theta)^2)+J_{12}(c_1+c_2)\end{array}}{2(4+8\theta+\theta^2)(8\eta(4+12\theta+9\theta^2+\theta^3)-(4+(4-3k)\theta)^2)} \\[3mm]
p_2 = \dfrac{3aJ_8+J_{13}c_1+3J_{10}((4+9\theta+2\theta^2)c_1+(4+7\theta)(a-c_2))+J_{14}c_2}{8\eta(4+12\theta+9\theta^2+\theta^3)-(4+(4-3k)\theta)^2} \\[3mm]
s = \dfrac{(4+7\theta)(4+(4-3k)\theta)(a-c_1-c_2)}{16\eta(4+12\theta+9\theta^2+\theta^3)-2(4+(4-3k)\theta)^2} \\[3mm]
q_1 = \dfrac{\eta(4+7\theta)(4+8\theta+\theta^2)(a-c_1-c_2)}{8\eta(4+12\theta+9\theta^2+\theta^3)+2(4+(4-3k)\theta)^2} \\[3mm]
q_2 = \dfrac{(1+\theta)J_{15}(a-c_1-c_2)}{2(4+8\theta+\theta^2)(8\eta(4+12\theta+9\theta^2+\theta^3)-(4+(4-3k)\theta)^2)}
\end{cases}
$$

其中，

$J_{10}=3k^2\theta-4(1+\theta)-k(4+\theta)+\eta(16+44\theta+25\theta^2)$

$J_{11}=-8+2(-8+5k)\theta+(-8+10k-3k^2)\theta^2+2\eta(8+24\theta+19\theta^2+3\theta^3)$

$J_{12}=4\eta(16+92\theta+184\theta^2+151\theta^3+47\theta^4+4\theta^5)$

$\quad\quad-(4+(4-3k)\theta)^2(4+9\theta+2\theta^2)$

$J_{13}=(1+\theta)(\eta(8+16\theta+5\theta^2)-4-(4-3k)\theta)$

$J_{14}=-9k^2\theta(1+\theta)-4(1+5\theta+4\theta^2)+3k(4+9\theta+8\theta^2)$

$\quad\quad+\eta(8+36\theta+45\theta^2+8\theta^3)$

$J_{15}=-3k^2\theta(-4-5\theta+5\theta^2)-4(8+28\theta+29\theta^2+9\theta^3)$

$\quad\quad+k(-16-12\theta+60\theta^2+47\theta^3)+\eta(64+304\theta+468\theta^2+244\theta^3+25\theta^4)$

（2）四个供应链成员企业的最优利润分别为：

$$\begin{cases} M_1 = \dfrac{\eta(4+7\theta)^2(a-c_1-c_2)^2}{4(8\eta(4+12\theta+9\theta^2+\theta^3)-(4+(4-3k)\theta)^2)} \\[3mm] R_1 = \dfrac{\eta(4+7\theta)^2(a-c_1-c_2)^2}{8(8\eta(4+12\theta+9\theta^2+\theta^3)-(4+(4-3k)\theta)^2)} \\[3mm] M_2 = \dfrac{(1+\theta)J_{15}^2(a-c_1-c_2)^2}{2(4+8\theta+\theta^2)^2(8\eta(4+12\theta+9\theta^2+\theta^3)-(4+(4-3k)\theta)^2)^2} \\[3mm] R_2 = \dfrac{(1+\theta)J_{15}^2(a-c_1-c_2)^2}{4(4+8\theta+\theta^2)^2(8\eta(4+12\theta+9\theta^2+\theta^3)-(4+(4-3k)\theta)^2)^2} \end{cases}$$

（3）两条供应链的最优整体利润分别为：

$$\begin{cases} T_1 = \dfrac{3\eta(4+7\theta)^2(a-c_1-c_2)^2}{8(8\eta(4+12\theta+9\theta^2+\theta^3)-(4+(4-3k)\theta)^2)} \\[3mm] T_2 = \dfrac{3(1+\theta)J_{15}^2(a-c_1-c_2)^2}{4(4+8\theta+\theta^2)^2(8\eta(4+12\theta+9\theta^2+\theta^3)-(4+(4-3k)\theta)^2)^2} \end{cases}$$

6.4 博弈均衡解比较分析

本节综合比较分析了四种供应链竞争结构下服务负溢出系数和竞争程度对均衡解的影响。

6.4.1 服务负溢出效应对均衡解的影响

为进一步分析服务负溢出效应对四种供应链竞争结构下均衡解的影响，首先通过均衡解对负溢出系数求导得到了如表6.3所示的结果。

表6.3　　　　服务负溢出系数对均衡解的影响

	$\frac{\partial p_1}{\partial k}$	$\frac{\partial p_2}{\partial k}$	$\frac{\partial s}{\partial k}$	$\frac{\partial w_1}{\partial k}$	$\frac{\partial w_2}{\partial k}$	$\frac{\partial T_1}{\partial k}$	$\frac{\partial T_2}{\partial k}$	$\frac{\partial M_1}{\partial k}$	$\frac{\partial R_1}{\partial k}$	$\frac{\partial M_2}{\partial k}$	$\frac{\partial R_2}{\partial k}$
CC	−	N	−	无	无	−	N	无	−	无	N

续表

	$\dfrac{\partial p_1}{\partial k}$	$\dfrac{\partial p_2}{\partial k}$	$\dfrac{\partial s}{\partial k}$	$\dfrac{\partial w_1}{\partial k}$	$\dfrac{\partial w_2}{\partial k}$	$\dfrac{\partial T_1}{\partial k}$	$\dfrac{\partial T_2}{\partial k}$	$\dfrac{\partial M_1}{\partial k}$	$\dfrac{\partial R_1}{\partial k}$	$\dfrac{\partial M_2}{\partial k}$	$\dfrac{\partial R_2}{\partial k}$
DC	−	N	−	0	无	−	N	−	−	无	N
CD	−	N	−	无	−	−	N	无	−	N	N
DD	−	N	−	0	N	−	N	−	−	N	N

注：−、N 和 0 分别表示负相关、关系暂不确定和导数为 0。

观察表 6.3 可以发现，总体而言，服务负溢出系数 k 在不同供应链竞争模式下对博弈均衡解的影响有明显不同。当服务负溢出系数增大时，四种供应链竞争模式下零售商 1 提供的最优服务水平和最优利润都逐渐减小，同时所在供应链 1 的最优零售价格和整体最优利润也下降。进一步，当供应链 1 为分散式（即 DC 与 DD 结构）时，制造商 1 的最优利润与服务负溢出系数呈负相关关系，但最优批发价格并不受负溢出系数的影响。

总之，负溢出系数的增大对提供服务的零售商 1 或供应链 1 具有负面作用，从而导致其绩效的损失和服务水平的降低。因此得到如下引理。

引理 6.1　零售商主导型供应链间竞争下，服务负溢出效应对提供服务的零售商及其供应链具有负激励作用从而侵蚀绩效。

该引理说明服务负溢出效应对提供服务的领导者供应链而言显然为负面因素，但对不提供服务的供应链 2 的决策影响暂时无法判定，还与供应链间的竞争程度、服务成本系数等参数有关。该引理不同于通常直观认识。一般认为，竞争网络中的负溢出效应能够激励企业努力提升服务水平和服务质量从而提高其市场需求。例如，面对同一客户群体的火锅店，"海底捞"由于其精细化、高质量和高水平的服务特点能够吸引更多来自同行业竞争者的潜在客户前来就餐，显然这种负溢出效应会激励海底捞不断提升服务水平，具有积极的正向激励作用。但本书研究发现，当两条竞争供应链间为主从博弈时，负溢出效应对服务提供者具有负激励作用，不利于服务水平的提升。

6.4.2　竞争程度对均衡解的影响

为进一步分析两条供应链间竞争程度对四种结构下均衡解的影响，同时为使结果更具一般性，避免服务负溢出效应对均衡解的干扰，本小节在分析时设计了溢出较低（$k=0.5$）和溢出较高（$k=1$）两组对照算例实验。此外，为使本小节的结果和第 4 章制造商主导型供应链竞争下的结论进行比较，决策变量选取了 p_1，p_2，s，T_1，T_2 五个最关键参数，同时，赋值过程中同样采用了与第 5 章相同的数值和方式，即假设 $a=10$，$c_1=1$，$c_2=1$，$\eta=1$，依次假设 $\theta=0.1$，$\theta=0.3$，$\theta=0.5$，$\theta=0.7$，$\theta=0.9$，结果如表 6.4 所示。

表 6.4　　　　　　　　　竞争程度对均衡解的影响

$k=0.5$		$\theta=0.1$	$\theta=0.3$	$\theta=0.5$	$\theta=0.7$	$\theta=0.9$
CC	p_1	8.77	7.43	6.68	6.18	5.81
	p_2	4.44	4.72	4.73	4.66	4.57
	s	6.61	5.12	4.29	3.75	3.36
	T_1	28.30	24.23	21.85	20.17	18.85
	T_2	6.55	9.61	11.19	12.05	12.51
DC	p_1	9.20	8.24	7.64	7.19	6.84
	p_2	5.21	5.31	5.25	5.15	5.03
	s	3.31	2.56	2.15	1.88	1.68
	T_1	21.23	18.17	16.39	15.13	14.14
	T_2	11.35	14.20	15.83	16.82	17.45
CD	p_1	8.82	7.65	7.04	6.65	6.36
	p_2	5.67	6.10	6.16	6.10	6.00
	s	6.59	5.16	4.41	3.93	3.59
	T_1	29.13	26.50	25.20	24.33	23.66
	T_2	4.95	7.30	8.64	9.52	10.13

续表

$k=0.5$		$\theta=0.1$	$\theta=0.3$	$\theta=0.5$	$\theta=0.7$	$\theta=0.9$
DD	p_1	9.32	8.58	8.16	7.85	7.61
	p_2	6.83	7.01	6.99	6.90	6.80
	s	3.30	2.58	2.20	1.97	1.80
	T_1	21.85	19.87	18.90	18.25	17.74
	T_2	8.56	10.88	12.44	13.62	14.58
$k=1$		$\theta=0.1$	$\theta=0.3$	$\theta=0.5$	$\theta=0.7$	$\theta=0.9$
CC	p_1	8.54	7.10	6.36	5.89	5.54
	p_2	3.70	3.93	4.18	4.25	4.23
	s	6.24	4.52	3.64	3.09	2.71
	T_1	27.33	22.77	20.36	18.75	17.54
	T_2	1.33	4.84	7.14	8.57	9.47
DC	p_1	9.09	8.08	7.48	7.04	6.71
	p_2	4.54	4.91	4.97	4.93	4.86
	s	3.12	2.26	1.82	1.54	1.35
	T_1	20.50	17.08	15.27	14.07	13.15
	T_2	7.10	11.01	13.26	14.67	15.58
CD	p_1	8.48	7.18	6.57	6.21	5.95
	p_2	3.78	5.04	5.54	5.56	5.55
	s	6.04	4.28	3.43	2.91	2.55
	T_1	27.70	24.30	22.86	22.02	21.41
	T_2	1.16	4.01	5.88	7.12	8.01
DD	p_1	9.15	8.35	7.92	7.63	7.04
	p_2	5.88	6.48	6.62	6.63	6.58
	s	3.02	2.14	1.71	1.45	1.27
	T_1	20.78	18.22	17.14	16.51	16.06
	T_2	5.53	8.69	10.69	12.13	13.25

从表 6.4 的分析中首先发现：四种供应链竞争结构下，随着竞争强度 θ 的增大，最优服务水平 s 逐渐降低，供应链 1 上的最优零售价格 p_1 和整体利润 T_1 逐渐降低，供应链 2 的整体利润 T_2 增大。而供应链 2 的零售价格 p_2 呈现出先增后减的变化趋势。两条供应链的最优零售价格存在 $p_1 > p_2$，但价格差距随供应链间竞争强度的增大而逐渐缩小。说明激烈的供应链间竞争不利于服务提供者提升服务水平，但对不提供服务的供应链却产生一定"搭便车"效应从而提升其绩效。同时，当竞争强度较小时，两条供应链整体最优利润存在 $T_1 > T_2$ 的关系，但该差距随着竞争强度的增大而逐渐减小，特别是在 DC 结构下，当竞争强度足够大时甚至会出现 $T_2 > T_1$ 的情况。因此得到如下引理。

引理 6.2 考虑供应链间服务负溢出效应时，竞争强度的加剧对提供服务的零售商及其供应链有负激励作用，侵蚀其绩效水平，但对不提供服务的供应链却能产生一定的"搭便车"效果而使其受益。

同时，观察表 6.4 还发现：（1）当供应链 2 的结构保持不变，供应链 1 的结构从集中式变成分散式，发现 $p_1^{DC} > p_1^{CC}$，$T_1^{DC} < T_1^{CC}$，$p_1^{DD} > p_1^{CD}$，$T_1^{DD} < T_1^{CD}$，说明供应链 1 从集中到分散的结构变化产生双重边际化效应；但对于供应链 2，发现 $T_2^{DC} > T_2^{CC}$，$T_2^{DD} > T_2^{CD}$，反映出领导者供应链的结构变化会对追随者供应链产生正外部性。（2）当供应链 1 的结构保持不变，供应链 2 从集中式变成分散式，发现 $p_2^{CD} > p_2^{CC}$，$T_2^{CD} < T_2^{CC}$，$p_2^{DD} > p_2^{DC}$，$T_2^{DD} < T_2^{DC}$，说明供应链 2 的结构变动同样出现双重边际化效应，但对于供应链 1，存在 $T_1^{CD} > T_1^{CC}$，$T_1^{DD} > T_1^{DC}$，说明追随者供应链的结构变化同样会对领导者供应链产生正外部性。因此可得如下引理。

引理 6.3 在零售商主导型供应链间 Stackelberg 竞争下，当一条供应链结构保持不变，另一条供应链从集中式变为分散式结构时，会出现双重边际化效应，同时会产生正外部性，促进竞争供应链绩效的提升。

该引理表明，从供应链网络和竞争的视角看，从集中到分散的供应链结构变化，尽管对于供应链自身来说由于链内成员企业的"自利"行为导致双重边际化使供应链绩效下滑，但这种结构变化有一定的"利他性"，即由于网络正外部性从而提升与之竞争的供应链的绩效。

此外，观察表 6.4 结果还发现：四种供应链竞争结构下，服务负溢出效应较高的实验组中最优服务水平 s、供应链 1 的最优零售价格 p_1 及其整体最优利润 T_1 都小于溢出效应较低的实验组。该发现也进一步支持了引理 6.1 中服务负溢出效应对服务提供者负激励作用的结论。

6.5　数 值 实 验

本节数值实验部分重点关注服务负溢出效应对供应链最优利润和最优服务水平的影响，而在最优服务水平分析时也同时考虑了供应链间竞争程度对服务水平决策的影响，以使结果更具一般性和普遍性。

首先，为进一步分析服务负溢出效应对供应链最优利润的影响，数值实验分别比较了 CC、DC、CD 和 DD 四种竞争结构下供应链 1 和供应链 2 的最优利润及其变化趋势。不失一般性，假设 $a=10$，$c_1=1$，$c_2=1$，$\eta=1$，$\theta=0.5$，令溢出系数 k 从 0 变到 1，观测其变动如何影响两条供应链的最优利润。实验结果如图 6.2 和图 6.3 所示。

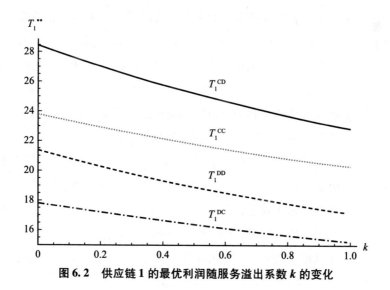

图 6.2　供应链 1 的最优利润随服务溢出系数 k 的变化

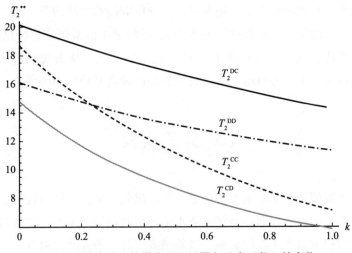

图 6.3 供应链 2 的最优利润随服务溢出系数 k 的变化

观察图 6.2 和图 6.3 可发现：

（1）在不同的供应链竞争结构下，服务负溢出系数 k 对两条供应链整体最优利润的影响不尽相同。从整体上看，随着 k 的增大，图 6.2 中四种竞争结构下提供服务的领导者供应链 1 的最优利润均呈现下降趋势。该结果验证了表 6.3 和引理 6.1 的部分结论，服务负溢出系数的增大对服务提供方即供应链 1 具有负激励作用。同时，图 6.3 中四种竞争结构下追随者供应链 2 的最优利润也随服务负溢出效应的增大而减小。该结果表明，当服务负溢出效应增大时，不提供服务的追随者供应链 2 由于负溢出导致其整体利润的下滑，主要原因是负溢出效应的增大使供应链 2 的市场需求流失加剧，从而侵蚀其整体绩效。

（2）图 6.2 中存在 $T_1^{DC} < T_1^{CC}$，$T_1^{DD} < T_1^{CD}$，说明当供应链 2 结构保持不变时，供应链 1 从集中到分散的结构变化使其本身的供应链整体利润下降，产生双重边际化效应，图 6.3 中发现 $T_2^{CD} < T_2^{CC}$，$T_2^{DD} < T_2^{DC}$，说明当供应链 1 结构保持不变时，供应链 2 的结构变动同样产生双重边际化效应。该发现也符合表 6.4 中部分结果。表明：当竞争者供应链的结构不变时，集中式结构是该供应链的最优决策。

（3）图 6.2 中存在 $T_1^{CD} > T_1^{CC}$，$T_1^{DD} > T_1^{DC}$，图 6.3 中存在 $T_2^{DC} > T_2^{CC}$，$T_2^{DD} > T_2^{CD}$，反映出当竞争者供应链结构保持不变时，供应链从集中到分散的结构变动会产生正外部性，促进与之竞争的供应链绩效提升。该结果进一步验证了表 6.4 和引理 6.3 的发现，说明在供应链与供应链竞争中，其中一条供应链从集中到分散的结构变动具有一定的利他性，有利于另一条供应链绩效的改善。该发现验证了文献［101］在两条权力对等的供应链间竞争下的结论。共同表明：两条竞争供应链，无论二者权力地位如何，一条供应链从集中到分散的结构变化总能促使另一条竞争供应链的绩效提升。

其次，在供应链最优服务水平决策分析时，分别刻画了四种竞争结构下供应链间竞争程度 θ 和服务负溢出效应 k 对最优服务水平的影响。同样，假设 $a = 10$，$c_1 = 1$，$c_2 = 1$，$\eta = 1$，令竞争程度 θ 从 0 变到 1，同时令溢出系数 k 从 0 变到 1，观测二者同时变动如何影响供应链最优服务水平。实验结果如图 6.4 至图 6.7 所示。

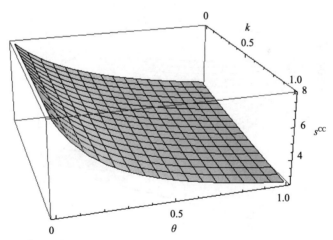

图 6.4　CC 结构下供应链最优服务水平随竞争程度 θ 和溢出系数 k 的变化

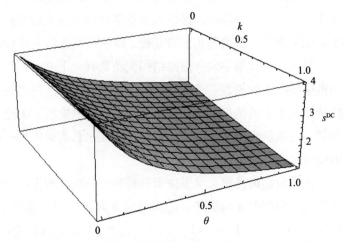

图 6.5　DC 结构下供应链最优服务水平随竞争程度 θ 和溢出系数 k 的变化

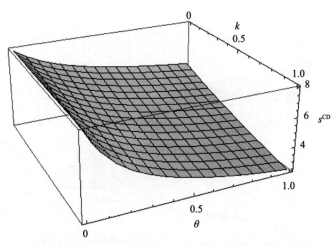

图 6.6　CD 结构下供应链最优服务水平随竞争程度 θ 和溢出系数 k 的变化

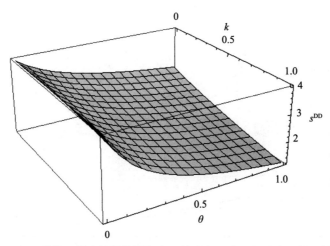

图 6.7　DD 结构下供应链最优服务水平随竞争程度 θ 和溢出系数 k 的变化

通过对图 6.4 ~ 图 6.7 的观察发现：（1）整体上，四种结构下供应链最优服务水平均随链间竞争程度和服务负溢出效应的增大而减小。该结果也进一步支持了表 6.4 的部分发现，反映出供应链间竞争程度和服务负溢出效应都将对提供服务的领导者供应链或零售商产生一定负激励作用，激烈的供应链间竞争和较大的负溢出效应会严重挫伤其提高服务水平的积极性。（2）观察图 6.4 ~ 图 6.7 还发现，随着供应链间竞争程度的增大，最优服务水平并不是平稳缓慢下降，而是呈现快速下降的趋势。尤其当竞争程度较小时，小幅的竞争增大便能导致服务水平的急剧下滑。该结果与第 4 章制造商主导型供应链间竞争下得到的结果相吻合。因此，若要激发服务提供者提升服务水平的积极性，运营实践中应努力降低供应链网络中的负溢出效应，避免未提供服务的供应链及其成员的搭便车效应，同时还要努力避免激烈的供应链间竞争。

进而，为同时对比四种竞争结构下服务负溢出效应对供应链最优服务水平决策的影响及其变化趋势，假设 $a = 10$，$c_1 = 1$，$c_2 = 1$，$\eta = 1$，$\theta = 0.5$，令溢出系数 k 从 0 变到 1，观测其变动如何影响供应链最优服务水平。实验结果如图 6.8 所示。

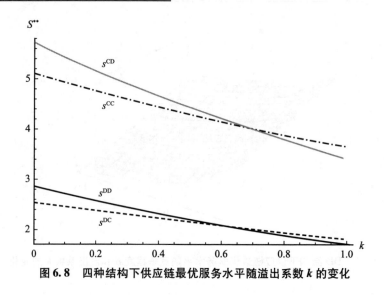

图 6.8　四种结构下供应链最优服务水平随溢出系数 k 的变化

通过观察发现，整体而言，四种结构下供应链最优服务水平都随服务负溢出系数的增大而降低。但每种结构下服务水平的具体变化也存在一定差异。

首先，CD 和 CC 结构下的供应链最优服务水平要远高于 DD 和 DC 结构，即集中式结构下的领导者供应链更愿意提供更高水平的服务。同时，结合图 6.2 的发现，领导者供应链在集中式结构下也能获取更高的利润。

其次，尽管四种结构下最优服务水平均随溢出系数的增大而降低，但 CD 和 CC 结构下服务水平降低的幅度比 DD 和 DC 结构下的更大，下滑更快。即当领导者供应链为集中式结构时，最优服务水平随溢出系数增大而降低的幅度较大。

此外，若领导者供应链结构不变，对于追随者供应链而言，当服务负溢出较小时，领导者供应链在追随者为分散式结构下提供的服务水平较高（即 $s^{CD} > s^{CC}$，$s^{DD} > s^{DC}$），而当服务溢出效应较大时，领导者供应链在追随者为集中式结构下提供的服务水平高（即 $s^{CC} > s^{CD}$，$s^{DC} > s^{DD}$）。

6.6　本章小结

本章考虑供应链与供应链间 Stackelberg 竞争与服务负溢出效应，构建 CC、DC、CD 和 DD 四种竞争模型研究链间权力不对等下零售商主导型供应链的最优服务决策与竞争问题，通过优化求得四种结构下的博弈均衡解，对比分析得到如下结论：

（1）服务负溢出效应对提供服务的供应链有负激励作用，即随着服务负溢出效应的增大，领导者供应链或其零售商提供的最优服务水平和利润下降，同时所在供应链的最优零售价格和整体最优利润也下滑。该结论验证了文献［151］中负溢出效应使服务水平下降的结论，但与之不同的是，本章发现提供服务的供应链的最优批发价格随服务负溢出系数的增大而减小，并进一步发现了零售价格和供应链利润与溢出效应的负相关关系，但文献［151］在制造商主导型双渠道供应链中认为当服务负溢出系数增大时，最优批发价格上升。导致该差异的原因可能是供应链结构和服务提供者的设定不同。同时，该结论也支持了第四章权力不对等的制造商主导型供应链间竞争下的结论。

（2）从供应链网络和竞争的视角看，供应链结构从集中到分散的变化存在一定的"利他性"，即当一条供应链结构保持不变另一条供应链从集中式变为分散式结构时，会出现双重边际化效应，同时会产生正外部性，促进竞争供应链的绩效显著提升。该发现与 Wu 等［101］在供应链与供应链间 Nash 竞争下得到的正外部性结论一致，但不同的是，本章考虑服务负溢出效应的链间 Stackelberg 竞争下集中式结构的绩效高于分散式，而文献［101］中分散式供应链绩效更高。造成这种不同结果的原因很可能是两条供应链的权力结构设定不同，即本章为一强一弱型，而文献［101］为权力对等型。同时，该结论也进一步支持了第二章权力对等型供应链竞争、第三章和第四章权力不对等的制造商主导型供应链竞争下得到的结论。

（3）供应链间竞争对提供服务的零售商及其供应链有负激励作用，而对于不提供服务的供应链却能产生一定的"搭便车"效果使其受益，且"搭便车"效果随竞争程度的增大而变得愈加明显。

（4）当领导者供应链为集中式结构时，更愿意提供更高水平的服务，同时也能获得更高的利润。若领导者供应链结构不变，对于追随者供应链而言，当服务负溢出较小时，分散式结构下的领导者提供的服务水平较高，而当服务溢出效应较大时，追随者集中式结构下领导者提供的服务水平高。

本章得到的管理启示如下：（1）两条供应链竞争中为激励供应链或其成员企业改善服务水平，应努力降低服务负溢出效应，实际中可避免过多同质化服务和产品上的投入，而是应从顾客角度出发，结合消费场景、创新体验和供应链自身优势，提供更多区别于竞争者的个性化、高价值服务，提升消费者体验和效用。（2）在实际的供应链运营管理中，应避免过激的竞争以降低其负激励作用，如通过订立契约合同、交叉持股或兼并等横向一体化的举措实现从竞争到合作的转变，整合各自渠道、品牌和营销等优势，从而改善供应链绩效水平。

第7章

结论与展望

7.1 主要研究结论

供应链间竞争研究在当前复杂多变和日趋激烈的市场竞争环境中显得尤为重要，无论对供应链管理理论体系的丰富和发展还是对供应链管理实践指导都有着重要的价值和意义。本书以两条竞争供应链为研究对象，从供应链结构选择和服务决策两个维度研究供应链间竞争和优化问题，试图使供应链研究范畴实现两个方面的拓展：横向上从单一链条研究延伸至两个链条间的竞争行为研究，纵向上从传统市场层面的价格决策转至运作层面的结构和服务决策。同时，本书基于生产运营管理的现实情况，在研究过程中考虑了供应链内和供应链间的多种权力结构。在对国内外供应链竞争和决策等相关研究综合梳理分析的基础上，结合生产运营中的实际问题，对两条权力对等型供应链间横向竞争下的最优结构选择、权力不对等型供应链间竞争下的最优结构选择、制造商主导型供应链间竞争下考虑服务负溢出效应的供应链决策、零售商主导型供应链间竞争下考虑服务负溢出效应的供应链决策等四个独立平行而又相互关联的供应链竞争问题展开了研究。主要研究内容和结论如下：

　　首先，从两条竞争供应链上的核心企业角度出发，基于经典的 Ho-telling 模型研究不同权力结构下供应链间横向竞争的 Nash 博弈与供应链结构选择问题，构建了制造商主导和零售商主导两种权力结构下供应链间竞争的 Stackelberg – Nash 双层复合嵌套博弈模型。其中，制造商主导型供应链间竞争中，在零售商没有销售成本优势的前提下引入收益共享契约，利用 Hotelling 模型构建了纯集中结构、混合结构和纯分散结构三种供应链结构组合，求得横向链间 Nash 博弈的均衡解，对比分析得到供应链最优结构；零售商主导型供应链间横向竞争中，假设制造商没有生产成本优势，同样构建集中—集中、集中—分散和分散—分散三种结构组合，通过博弈模型的优化求解和均衡解的对比分析得到该竞争下的供应链最优结构选择策略。为进一步验证不同权力对供应链横向 Nash 竞争和结构选择的影响，综合分析和比较了两种权力结构下的供应链间竞争博弈，得到该博弈的占优策略。结论表明：在供应链竞争环境下，与集中式相比，分散式供应链本身具有一定结构优势，在提升自身供应链利润的同时会产生正外部溢出效应，提升另一条竞争供应链的利润水平，有悖于通常认为的"双重边际化效应"。同时，即便不考虑第三方企业的成本优势、专业性等因素，外包本身也具有一定的结构优势，本书从分散式供应链结构优势的视角解释了运营管理实践中企业第三方外包战略。另外，两条供应链同时集中或同时分散即纯集中结构或纯分散结构为权力对等型供应链间竞争博弈的稳态。

　　其次，进一步考虑了实践中另一种供应链间权力不对等的情况，研究了供应链间权力不对等情况下供应链间横向 Stackelberg 竞争与供应链结构选择问题，构建双层 Stackelberg 嵌套博弈模型分析了四种供应链结构组合：纯集中结构、领导者供应链分散而追随者集中、领导者供应链集中而追随者分散、纯分散结构，并求得横向链间 Stackelberg 博弈的均衡解。通过综合对比四种结构组合下的博弈均衡解，得到了该博弈的稳态和供应链最优结构决策结果。结果发现：追随者供应链最优结构选择决策的占优策略与领导者供应链的结构并无直接关系，而是与供应链间竞争程度密切相关，当供应链间竞争较弱时，集中式结构是其占有策略，而当竞争足够强时，分散式结构占优，该发现有悖于"双重边际化效应"理论；同时，供应链结构从集中到分散的变化存在一定"利他性"，促进与之竞争的供应链绩效显著提升，即存在正外部溢出效应；此外，两条供应链同时集中或同时分散的结构在竞争中相对稳定，这进一步验证了权力对等型供应链间竞争下得到的结论。

再次，从服务负溢出的视角进一步拓展了上述研究内容与范畴。以两条权力不对等的制造商主导型竞争供应链为研究对象，探讨了供应链间横向竞争下考虑服务负溢出效应的供应链优化与服务决策问题，构建纯集中结构、领导者供应链分散而追随者集中、领导者供应链集中而追随者分散和纯分散结构四种竞争模型，并通过博弈均衡求解和对比得到最优的决策条件，并分析了供应链间竞争程度和服务负溢出效应对供应链最优利润和服务决策的影响。结果发现：服务负溢出效应和供应链间竞争均对提供服务的制造商及其供应链有负激励作用，但链间竞争对不提供服务的供应链会产生一定"搭便车"效果而使其受益，且该"搭便车"效果随竞争程度的增大而增强。当领导者供应链为集中式结构时，更愿意提供更高水平的服务，同时也能获得更高的利润。若领导者供应链结构不变，对于追随者供应链而言，当服务负溢出效应较小时，分散式结构下的领导者供应链提供的服务水平较高，而当服务溢出效应较大时，追随者集中式结构下领导者提供的服务水平更高。从供应链网络和外部性视角发现，当一条供应链结构保持不变另一条供应链从集中式变为分散式时将出现双重边际化效应。同样发现，供应链从集中到分散的结构变化会产生一定"利他性"即正网络外部性，从而促进竞争供应链的绩效显著提升。

最后，进一步考虑了另外一种情况，研究了两条权力不对等的零售商主导型竞争供应链中考虑服务负溢出的供应链决策问题，同样构建集中—集中、分散—集中、集中—分散、分散—分散四种竞争模型，并通过博弈均衡求解和对比得到最优的决策条件，并分析了供应链间竞争程度和服务负溢出效应对供应链最优决策的影响。继而与上述研究进行综合比较，以验证链内权力结构的变化是否对服务负溢出效应下的供应链竞争优化和服务决策产生影响。结论表明：负溢出效应对服务提供者具有负激励作用，即领导者供应链或其零售商提供的最优服务水平和利润随着负溢出效应的增大而下降。供应链间竞争对提供服务的零售商及其供应链同样具有负激励作用，而对不提供服务的追随者供应链却能产生一定的"搭便车"效果使其受益，且"搭便车"效果随竞争程度的增大而变得愈发明显。当领导者供应链为集中式结构时，更愿意提供更高水平的服务，同时也能获得更高的利润。若领导者供应链结构不变，当服务负溢出较小时，领导者供应链在追随者为分散式结构下提供的服务水平较高，而当服务溢出效应较大时，领导者在追随者为集中式结构下提供的服务水平更高。无论是领导者供应链还是追随者，供应链结构从集中到分散的变化均具有一定利他性，即当一条供应链结构保持不变而另一条从集中式变为分散式结构时，尽管供应链本身将出现双重边际化效应，但会产生正外部性，促进竞争供应链的绩效显著提升。

继而，本书得到如下几点重要的管理启示和决策建议：

（1）针对两个权力地位对等、横向竞争的核心企业，将产品生产或销售等"非核心"环节外包给第三方企业比自产自销的模式对自身更有利，企业应专注自身的核心业务，在激烈的竞争环境中，相比"大而全""小而精"在绩效表现上更胜一筹。此外，两个横向竞争企业在博弈中最优的行动策略是要么都选择"非核心"业务外包战略，要么都选择自产自销的模式，"步调一致才能得胜利"。

（2）对于两条权力不对等的竞争供应链，若两条供应链都是集中式结构，保持该结构不变是竞争博弈的最优策略；若其中一条供应链做出从集中到分散的决策行动，对另一条供应链会产生"搭便车"的效果使其受益，但当竞争异常激烈时，另一条供应链也做出从集中到分散的结构变化是其最优的应对策略。

（3）两条供应链竞争中，为激励供应链或其成员企业改善服务水平，应努力降低服务负溢出效应，实际中可避免过多同质化服务和产品上的投入，而是应从顾客角度出发，结合消费场景、创新体验和供应链自身优势，提供更多有别于竞争对手的个性化、高价值服务，提升消费者体验和效用，继而提升供应链竞争优势和整体绩效水平。

（4）在实际的供应链运营管理中，应避免过激的供应链竞争以降低其负激励作用，如通过契约合同、交叉持股或兼并等横向一体化的措施实现从竞争到合作的转变，整合各自供应链的渠道、品牌和营销等优势，并配套合理的激励机制共同分担服务成本、分享服务所带来的利润增长，从而改善供应链绩效水平。

7.2 研究展望

尽管本书从结构选择和服务决策两个维度对多种供应链内和供应链间权力结构下的四个供应链竞争问题展开了研究，并得到了一些关键的结论和管理启示，但仍存在一定的局限性和可拓展性，主要包括如下几点：

（1）本书在供应链间竞争的研究中仅以两条竞争供应链为研究对象，未考虑两条或两条以上的更一般情况。未来可以进一步考虑多条供应链间竞争的情况，以丰富供应链竞争研究体系和更好地指导供应链实践决策。

（2）本书在权力不对等型供应链间竞争下的最优结构选择的研究中仅以制造商主导型供应链为例展开。未来可继续以零售商主导型供应链为对象展开该类问题的研究，以验证当供应链内权力发生变化后现有结论是否会有变化，从而使得该类研究更加丰富和严密。

（3）本书在供应链间竞争下考虑服务负溢出效应的供应链决策的研究中，尽管考虑和对比了制造商主导和零售商主导两种供应链内权力结构，但对于供应链间权力仅研究了不对等的情况，并未考虑两条供应链权力对等的情况。因此，未来可进一步深入研究权力对等型供应链间竞争下考虑服务负溢出效应的供应链决策问题，而且这种考虑同样具有很重要的现实意义和实用价值。

（4）本书在供应链间竞争下考虑服务负溢出效应的供应链决策研究中，为简化模型和计算，假定服务仅由领导者供应链上占主导地位的制造商或零售商提供，同样可以对此研究局限进行拓展研究。例如，可以考虑追随者供应链提供服务的情况，还可以考虑两条竞争供应链都提供服务的情况。

参 考 文 献

[1] Beamon B M. Supply chain design and analysis: Models and methods [J]. International Journal of Production Economics, 1998, 55 (3): 281 – 294.

[2] Chopra S. Designing the distribution network in a supply chain [J]. Transportation Research Part E, 2003, 39 (2): 123 – 140.

[3] Santoso T, Ahmed S, Goetschalckx M, et al. A stochastic programming approach for supply chain network design under uncertainty [J]. European Journal of Operational Research, 2005, 167 (1): 96 – 115.

[4] Lee H L, Billington C. Managing supply chain inventory: Pitfalls and opportunities [J]. Sloan Management Review Reprint Series, 1992, 33 (2): 65 – 73.

[5] Minner S. Multiple – supplier inventory models in supply chain management: A review [J]. International Journal of Production Economics, 2003, 81 (2): 265 – 279.

[6] Lee C C, Chu W H J. Who should control inventory in a supply chain? [J]. European Journal of Operational Research, 2005, 164 (1): 158 – 172.

[7] Ha A Y, Li L, Ng S M. Price and delivery logistics competition in a supply chain [J]. Management Science, 2003, 49 (9): 1139 – 1153.

[8] Carr S M, Karmarkar U S. Competition in multiechelon assembly supply chains [J]. Management Science, 2005, 51 (1): 45 – 59.

[9] Ding D, Chen J. Coordinating a three level supply chain with flexi-

ble return policies［J］. Omega, 2008, 36（5）: 865 – 876.

［10］ Cachon G P. Supply chain coordination with contracts: Handbooks in operations research and management science: Supply chain management［M］. North Holland: Elsevier Publishing, 2003: 228 – 237.

［11］ Giannoccaro I, Pontrandolfo P. Supply chain coordination by revenue sharing contracts［J］. International Journal of Production Economics, 2004, 89（2）: 131 – 139.

［12］ Lee H L, Whang S. Information sharing in a supply chain［J］. International Journal of Manufacturing Technology and Management, 2000, 1（1）: 79 – 93.

［13］ Chu W H J, Lee C C. Strategic information sharing in a supply chain［J］. European Journal of Operational Research, 2006, 174（3）: 1567 – 1579.

［14］ Zhang F. Competition, cooperation, and information sharing in a two – echelon assembly system［J］. Manufacturing & Service Operations Management, 2006, 8（3）: 273 – 291.

［15］ 华国伟, 杨丰梅, 黎建强. 两个双目标竞争选址问题模型［J］. 系统工程理论与实践, 2007（1）: 99 – 106.

［16］ 张曦, 杨超, 胡丹丹. 考虑市场扩张和吞并的新设施竞争选址模型［J］. 工业工程与管理, 2009, 14（2）: 43 – 47.

［17］ 杨玉香, 周根贵. 随机需求下闭环供应链网络设施竞争选址模型研究［J］. 控制与决策, 2011, 26（10）: 1553 – 1561.

［18］ 杨玉香, 周根贵. 闭环供应链网络设施竞争选址模型研究［J］. 中国管理科学, 2011, 19（5）: 50 – 57.

［19］ 周根贵, 杨玉香. 闭环供应链网络设施 Stackelberg 对策问题［J］. 系统科学与数学, 2011, 31（11）: 1491 – 1503.

［20］ 王虹, 周晶. 竞争和风险规避对双渠道供应链决策的影响［J］. 管理科学, 2010, 23（1）: 10 – 17.

［21］ 侯玲, 陈东彦, 滕春贤. 在风险规避下考虑质量因素的竞争

供应链的均衡策略研究 [J]. 运筹与管理, 2013, 22 (1): 112 - 119.

[22] 张新鑫, 申成霖, 侯文华. 考虑顾客行为和成员风险规避性的供应链收益共享契约的设计与协调 [J]. 预测, 2015, 34 (1): 65, 70 - 75.

[23] 王新辉, 汪贤裕. 考虑销售商风险规避的双边信息不对称的供应链协调 [J]. 中国管理科学, 2015, 23 (3): 97 - 107.

[24] 简惠云, 许民利. 风险规避下基于 Stackelberg 博弈与 Nash 讨价还价博弈的供应链契约比较 [J]. 管理学报, 2016, 13 (3): 447 - 453.

[25] 刘云志, 樊治平. 考虑损失规避与产品质量水平的供应链协调契约模型 [J]. 中国管理科学, 2017, 25 (1): 65 - 77.

[26] 叶飞, 林强, 郑银粉. 基于决策者风险偏好特性的供应链竞合策略研究 [J]. 运筹与管理, 2017, 26 (5): 81 - 88.

[27] 方青, 任亮, 张子刚等. 风险规避型零售商双渠道供应链定价策略研究 [J]. 预测, 2018, 37 (1): 68 - 74.

[28] 武钰才, 李常洪, 王继光, 苏刊. 考虑风险厌恶的供应链退货策略研究 [J]. 预测, 2018, 37 (5): 56 - 61.

[29] 王磊, 王世伟, 成克河. 供应商喜好风险的双渠道定价策略研究 [J]. 中国管理科学, 2012, 20 (S2): 575 - 579.

[30] 马利军. 具有公平偏好成员的两阶段供应链分析 [J]. 运筹与管理, 2011, 20 (2): 37 - 43, 101.

[31] 王磊, 成克河, 王世伟. 考虑公平关切的双渠道供应链定价策略研究 [J]. 中国管理科学, 2012, 20 (S2): 563 - 568.

[32] 孟庆峰, 盛昭瀚, 李真. 基于公平偏好的供应链质量激励机制效率演化 [J]. 系统工程理论与实践, 2012, 32 (11): 2394 - 2403.

[33] 赵道致, 吕昕. 零售商主导供应链中考虑供应商公平偏好的 VMI 模型 [J]. 运筹与管理, 2013, 22 (3): 45 - 52.

[34] 毕功兵, 何仕华, 罗艳, 梁樑. 公平偏好下销售回扣契约供应链协调 [J]. 系统工程理论与实践, 2013, 33 (10): 2505 - 2512.

［35］丁川．基于完全理性和公平偏好的营销渠道委托代理模型比较研究［J］．管理工程学报，2014，28（1）：184，185－194．

［36］李媛，赵道致．考虑公平偏好的低碳化供应链两部定价契约协调［J］．管理评论，2014，26（1）：159－167．

［37］浦徐进，诸葛瑞杰，范旺达．考虑横向和纵向公平的双渠道供应链均衡策略［J］．系统工程学报，2014，29（4）：527－536．

［38］浦徐进，朱秋鹰，曹文彬．供应商公平偏好对零售商主导型供应链均衡策略的影响［J］．系统管理学报，2014，23（6）：876－882．

［39］浦徐进，龚磊，张兴．考虑零售商公平偏好的促销努力激励机制设计［J］．系统工程理论与实践，2015，35（9）：2271－2279．

［40］覃燕红，魏光兴．批发价格契约下供应链公平偏好动态演进分析［J］．预测，2015，34（5）：48－54．

［41］刘云志，樊治平．模糊需求下考虑供应商公平偏好的VMI供应链协调［J］．系统工程理论与实践，2016，36（7）：1661－1675．

［42］陈戈，但斌，覃燕红．不同公平偏好模型下基于批发价格契约的供应链协调［J］．预测，2017，36（3）：62－68．

［43］张翠华，邢鹏，朱建良．基于公平偏好的物流服务供应链质量监督与协作研究［J］．管理工程学报，2017，31（4）：164－170．

［44］闫峰，梁工谦，刘昕，聂磊．公平偏好下考虑供应商质量投入的供应链契约协调［J］．运筹与管理，2018，27（3）：50－58．

［45］刘会燕，戢守峰．考虑消费者绿色偏好的竞争性供应链的产品选择与定价策略［J］．管理学报，2017，14（3）：451－458．

［46］刘会燕，戢守峰．考虑产品绿色度的供应链横向竞合博弈及定价策略［J］．工业工程与管理，2017，22（4）：91－99，114．

［47］何彬斌，刘芹．基于消费者绿色偏好的供应链纵向合作演化博弈［J］．统计与决策，2018，34（13）：39－43．

［48］曾蔚，马北玲，汪继，张昭．考虑消费者绿色偏好的闭环供应链决策研究［J］．软科学，2018，32（9）：108－113，118．

［49］林志炳．基于利他属性的双渠道供应链研究［J］．中国管理

科学，2014，22（12）：126-134.

［50］覃燕红，艾兴政，宋寒．利他偏好下基于批发价格契约的供应链协调［J］．工业工程与管理，2015，20（2）：109-115，121.

［51］王磊，戴更新．考虑利他偏好的二层供应链博弈研究［J］．中央财经大学学报，2015（11）：96-104.

［52］代应，林金钗，覃燕红，宋寒．考虑消费者低碳偏好的零售商利他型低碳供应链协调［J］．生态经济，2016，32（10）：87-92.

［53］浦徐进，张兴，韩广华．考虑利他偏好的企业努力行为和供应链运作［J］．系统管理学报，2016，25（6）：1136-1145.

［54］徐翔斌，李恒，史峰．多重社会偏好下供应链协调研究［J］．系统管理学报，2017，26（1）：154-162.

［55］孙玉玲，袁晓杰，石岿然．基于利他偏好的鲜活农产品供应链决策研究［J］．系统工程理论与实践，2017，37（5）：1243-1253.

［56］王建华，王洪，王斌．利他行为下基于差别定价的闭环供应链均衡分析［J］．工业技术经济，2017，36（9）：32-40.

［57］吴正祥，李宝库，赵博．零售商利他偏好对品牌竞争与渠道竞争共存型供应链决策的影响［J］．软科学，2017，31（11）：110-116，122.

［58］吴正祥，李宝库．利他偏好下需求依赖于价格和营销努力的两级供应链决策与协调［J］．中央财经大学学报，2017（12）：108-118.

［59］骆正清，董永杰．利他偏好下双渠道供应链定价决策研究［J］．工业技术经济，2018，37（2）：91-98.

［60］程茜，汪传旭，徐朗．考虑利他偏好的供应链定价和减排决策［J］．工业工程与管理，2018，23（2）：159-166.

［61］石岿然，蒋凤，孙玉玲．利他偏好对双渠道供应链成员企业的策略影响研究［J］．运筹与管理，2018，27（9）：66-72.

［62］王建华，彭慧，王洪．利他行为对制造商回收模式下的闭环供应链影响分析［J］．工业技术经济，2018，37（10）：85-93.

［63］李景峰，张晋菁．供应中断和需求扰动环境下的供应模式选择［J］．中国管理科学，2014，22（S1）：496－502．

［64］韩小花，吴海燕，王蓓．需求扰动下竞争型闭环供应链的生产与协调决策分析［J］．运筹与管理，2015，24（3）：68－78．

［65］韩小花，吴海燕，杨倩霞．成本与需求同时扰动下竞争型闭环供应链的生产与协调决策［J］．系统管理学报，2016，25（3）：546－555，570．

［66］张小玲，陆强．供应链中断下顾客缺货反应对牛鞭效应的影响研究［J］．中国管理科学，2016，24（7）：54－62．

［67］张庆红，康凯，吴晓艳，邵冬．单链需求扰动下竞争供应链决策模型研究［J］．数学的实践与认识，2016，46（22）：13－21．

［68］王继光．考虑中断风险的供应链选址博弈研究［J］．计算机工程与应用，2017，53（20）：231－236，248．

［69］Wang J, Wu Y. An improved voronoi-diagram-based algorithm for continuous facility location problem under disruptions［J］. Sustainability, 2018, 10（9）: 3099.

［70］Wang J, Su K, Wu Y. The reliable racility location problem under random disruptions［J］. Wireless Personal Communications, 2018（1）: 1－15.

［71］Rice J B, Hoppe R M. Supply chain vs. supply chain competition［J］. Supply Chain Management Review, 2001, 29（1）, 46－54.

［72］Lakhal S, Martel A, Kettani O, et al. On the optimization of supply chain networking decisions［J］. European Journal of Operational Research, 2007, 129（2）: 259－270.

［73］励凌峰，黄培清，赵晓敏．供应链间的横向竞争与并购效应［J］．系统工程理论方法应用，2005（6）：542－545．

［74］黎继子，刘春玲，蔡根女．集群式供应链的链间动态博弈合作决策分析［J］．管理工程学报，2006（4）：20－24．

［75］黎继子，李柏勋，刘春玲．基于系统动力学仿真的集群式供

应链跨链间库存管理 [J]. 系统工程, 2007 (7): 25 - 32.

[76] 黎继子, 刘春玲, 李柏勋. 集群式供应链跨链间的库存协调模型研究 [J]. 系统工程与电子技术, 2007 (9): 1479 - 1483.

[77] 刘春玲, 黎继子, 罗细飞. 跨国企业嵌入集群下链与链竞争动态网络模型分析 [J]. 管理工程学报, 2012, 26 (3): 64 - 73.

[78] 艾兴政, 唐小我, 涂智寿. 不确定环境下链与链竞争的纵向控制结构绩效 [J]. 系统工程学报, 2008, 23 (2): 188 - 193.

[79] 艾兴政, 马建华, 唐小我. 不确定环境下链与链竞争纵向联盟与收益分享 [J]. 管理科学学报, 2010, 13 (7): 1 - 8.

[80] 赵海霞, 艾兴政, 唐小我. 制造商规模不经济的链与链竞争两部定价合同 [J]. 管理科学学报, 2013, 16 (2): 60 - 70.

[81] 赵海霞, 艾兴政, 滕颖, 唐小我. 基于制造商规模不经济的链与链竞争数量折扣合同选择 [J]. 管理工程学报, 2013, 27 (4): 110 - 118.

[82] 赵海霞, 艾兴政, 唐小我. 链与链基于规模不经济的纵向联盟和利润分享 [J]. 管理科学学报, 2014, 17 (1): 48 - 56.

[83] 赵海霞, 艾兴政, 马建华, 何雪峰. 需求不确定和纵向约束的链与链竞争固定加价 [J]. 管理科学学报, 2015, 18 (1): 20 - 31.

[84] 刘晓婧, 艾兴政, 唐小我. 网络外部性下链与链竞争纵向联盟和收益共享合同 [J]. 预测, 2016, 35 (4): 75 - 80.

[85] 徐兵, 朱道立. 竞争供应链的结构和链内协调策略分析 [J]. 运筹与管理, 2008 (5): 51 - 57.

[86] 徐兵, 孙刚. 需求依赖于货架展示量的供应链链间竞争与链内协调研究 [J]. 管理工程学报, 2011, 25 (1): 197 - 202.

[87] 鲁其辉, 朱道立. 质量与价格竞争供应链的均衡与协调策略研究 [J]. 管理科学学报, 2009, 12 (3): 56 - 64.

[88] Boyaci T, Gallego G. Supply chain coordination in a market with customer service competition [J]. Production & Operations Management, 2010, 13 (1): 3 - 22.

[89] 杨晓艳, 陈杰. 两条供应链竞争下的知识流协调策略及其影响因素 [J]. 系统工程, 2014, 32 (10): 71-77.

[90] Majumder P, Srinivasan A. Leadership and competition in network supply chains [J]. Management Science, 2008, 54 (6): 1189-1204.

[91] Albert Y H, Tong S. Contracting and information sharing under supply chain competition [J]. Management Science, 2008, 54 (4): 701-715.

[92] 李娟, 黄培清, 顾锋, 陈国庆. 基于供应链间品牌竞争的库存管理策略研究 [J]. 管理科学学报, 2009, 12 (3): 71-76, 101.

[93] 胡引霞, 滕春贤. 基于电子商务的供应链与供应链竞争研究 [J]. 运筹与管理, 2010, 19 (3): 41-46.

[94] 张汉江, 原作芳. 两条供应链链间竞争机制及行为绩效分析 [J]. 系统工程, 2010, 28 (8): 81-84.

[95] 孟庆春, 李慧慧. 基于新产消合一考虑链间竞争的供应链价值最大化研究 [J]. 中国管理科学, 2015, 23 (3): 168-176.

[96] Xiao T, Yang D. Price and service competition of supply chains with risk-averse retailers under demand uncertainty [J]. International Journal of Production Economics, 2017, 114 (1): 187-200.

[97] 李柏勋, 周永务, 王圣东. 供应链间 Stackelberg 博弈下纵向结构决策模型 [J]. 科研管理, 2012, 33 (12): 50-58.

[98] 李柏勋, 林洁. 议价能力影响下供应链间价格和服务竞争均衡策略 [J]. 商业研究, 2016 (11): 8-16.

[99] 杨道箭, 白寅. 基于 Hotelling 模型的供应链间核心企业竞争与分散式 [J]. 系统工程理论与实践, 2015, 35 (12): 3025-3037.

[100] 武钰才, 李常洪, 王继光. 供应链间上游核心企业竞争与结构选择 [J]. 计算机工程与应用, 2018, 54 (15): 241-248.

[101] Wu Y, Wang J, Li C, Su K. Optimal supply chain structural choice under horizontal chain-to-chain competition [J]. Sustainability,

2018, 10 (5)：1330.

［102］王聪，杨德礼. 基于链与链竞争的零售商线上线下同价O2O销售策略研究［J］. 运筹与管理, 2017, 26 (5)：74 - 80.

［103］章定，郭捷. 供应链链际竞争的研究与发展［J］. 运筹与管理, 2016, 25 (1)：1 - 7.

［104］周茂森，但斌. 竞争环境下存在规模经济的集团采购供应链协调［J］. 中国管理科学, 2017, 25 (2)：98 - 110.

［105］李凯，李伟，安岗. 链与链竞争背景下的制造商定价策略［J］. 系统管理学报, 2017, 26 (4)：771 - 778.

［106］肖剑，但斌，张旭梅. 双渠道供应链中制造商与零售商的服务合作定价策略［J］. 系统工程理论与实践, 2010, 30 (12)：2203 - 2211.

［107］许明星，王健. 基于服务策略的双渠道供应链定价研究［J］. 软科学, 2014, 28 (5)：111 - 114, 124.

［108］Kurata H, Nam S. After-sales service competition in a supply chain：Optimization of customer satisfaction level or profit or both? ［J］. International Journal of Production Economics, 2010, 127 (1)：136 - 146.

［109］Kurata H, Nam S. After-sales service competition in a supply chain：Does uncertainty affect the conflict between profit maximization and customer satisfaction? ［J］. International Journal of Production Economics, 2013, 144 (1)：268 - 280.

［110］但斌，王瑶，王磊，张旭梅. 考虑制造商服务努力的异质产品双渠道供应链协调［J］. 系统管理学报, 2013, 22 (6)：835 - 840.

［111］施涛，许建雷. 基于服务正外部性特征的双渠道供应链决策研究［J］. 商业研究, 2013 (12)：184 - 190.

［112］易余胤，张永华，姚俊江. 考虑网络外部性和渠道权力结构的供应链延保服务模式研究［J］. 管理工程学报, 2018, 32 (3)：92 - 104.

［113］王玉燕，于兆青. 考虑网络平台服务、消费者需求差异的混

合供应链决策 [J]. 系统工程理论与实践, 2018, 38 (6): 1465 –
1478.

[114] Dan B, Zhang S, Zhou M, et al. Strategies for warranty service
in a dual-channel supply chain with value-added service competition [J]. In-
ternational Journal of Production Research, 2018, 56 (17): 1 – 23.

[115] 吴晓志, 陈宏, 张俊. 考虑服务竞争的 O2O 供应链决策与
协调 [J]. 控制与决策, 2015, 30 (8): 1453 – 1461.

[116] 丁锋, 霍佳震. 服务水平对双渠道供应链协调策略影响研究
[J]. 中国管理科学, 2014, 22 (S1): 485 – 490.

[117] 张学龙, 王军进. 考虑价格和服务竞争的供应链决策与协调
模型研究 [J]. 系统科学学报, 2016, 24 (3): 99 – 104.

[118] 张学龙, 王军进, 刘家国. 价格和服务双因素影响的供应链
协调决策模型研究 [J]. 运筹与管理, 2018, 27 (9): 57 – 65.

[119] 杨浩雄, 孙丽君, 孙红霞, 刘淑芹. 服务合作双渠道供应链
中的价格和服务策略 [J]. 管理评论, 2017, 29 (5): 183 – 191.

[120] 范丹丹, 徐琪, 王文杰. 考虑线上线下需求迁移下的供应链
O2O 最优服务决策研究 [J]. 中国管理科学, 2017, 25 (11): 22 – 32.

[121] Jin Y, Ryan J K. Price and service competition in an outsourced
supply chain [J]. Production and Operations Management, 2012, 21 (2):
331 – 344.

[122] Wu C H. Price and service competition between new and remanu-
factured products in a two-echelon supply chain [J]. International Journal of
Production Economics, 2012, 140 (1): 496 – 507.

[123] Dan B, Qu Z J, Liu C, et al. Price and service competition in
the supply chain with both pure play Internet and strong bricks-and-mortar re-
tailers [J]. Journal of Applied Research and Technology, 2014, 12 (2):
212 – 222.

[124] Rezapour S, Farahani R Z. Supply chain network design under
oligopolistic price and service level competition with foresight [J]. Computers &

Industrial Engineering, 2014: 129 – 142.

［125］Han X, Sun X, Zhou Y, et al. The equilibrium decisions in a two-echelon supply chain under price and service competition ［J］. Sustainability, 2014, 6 (7): 1 – 16.

［126］Ali S M, Rahman M H, Tumpa T J, et al. Examining price and service competition among retailers in a supply chain under potential demand disruption ［J］. Journal of Retailing and Consumer Services, 2018: 40 – 47.

［127］王磊, 戴更新. 利他偏好、服务与供应链 Stackelberg 博弈研究 ［J］. 中国管理科学, 2014, 22 (S1): 473 – 478.

［128］蹇明, 陈志刚. 目标服务水平下基于顾客类型的供应链激励机制研究 ［J］. 统计与决策, 2014 (22): 63 – 65.

［129］张子健, 蒋维. 基于附加服务的供应链竞争策略研究 ［J］. 商业研究, 2015 (4): 171 – 176.

［130］刘咏梅, 廖攀, 胡军华, 陈晓红. 考虑服务和退货的双渠道供应链定价问题研究 ［J］. 运筹与管理, 2015, 24 (3): 79 – 87.

［131］王磊, 戴更新, 孙浩. 零售商提供服务且具有公平偏好的供应链博弈研究 ［J］. 系统工程, 2015, 33 (6): 1 – 9.

［132］Nagurney A, Saberi S, Shukla S, et al. Supply chain network competition in price and quality with multiple manufacturers and freight service providers ［J］. Transportation Research Part E – logistics and Transportation Review, 2015: 248 – 267.

［133］陈宇科, 熊龙. 基于质量和服务双投入的供应链最优决策与协调策略 ［J］. 统计与决策, 2016 (22): 42 – 46.

［134］Xia Y, Chen B, Jayaraman V, et al. Competition and market segmentation of the call center service supply chain ［J］. European Journal of Operational Research, 2015, 247 (2): 504 – 514.

［135］周维浪, 韩小花, 沈莹. 考虑消费者行为的闭环供应链定价和服务水平决策及协调 ［J］. 计算机集成制造系统, 2017, 23 (10):

2241 – 2250.

[136] 但斌，娄云，韩小鹏，张旭梅. 产品销量影响服务需求的产品服务供应链定价及协调策略 [J]. 系统管理学报，2017，26（2）：381 – 389.

[137] 黄甫，宋华明，杨慧等. 价格、质量与服务竞争情形下的二级供应链系统协调策略分析 [J]. 中国管理科学，2018，26（8）：106 – 117.

[138] 高洁. 不同渠道权利结构下闭环供应链定价与服务决策 [J]. 统计与决策，2018，34（18）：48 – 53.

[139] 罗美玲，李刚，孙林岩. 具有服务溢出效应的双渠道供应链竞争 [J]. 系统管理学报，2011，20（6）：648 – 657.

[140] 刘芹，何彬斌，吕郑超，马媛. 双渠道供应链服务溢出下的协调策略 [J]. 合肥工业大学学报（自然科学版），2014，37（7）：877 – 882.

[141] 刘开军，贾静. 双向服务外溢效应下的双渠道供应链研究 [J]. 商业研究，2015（11）：167 – 175.

[142] 张国兴，方帅. 基于服务搭便车行为的双渠道供应链博弈分析 [J]. 统计与决策，2015（20）：43 – 47.

[143] 刘灿，但斌，张羽. 考虑服务溢出与竞争效应的O2O渠道合作机制研究 [J]. 重庆大学学报（社会科学版），2018，24（1）：58 – 70.

[144] 牛文举，陈效林，汤伟. 溢出效应下多个竞争零售商的定价与服务决策 [J]. 系统科学与数学，2018，38（5）：569 – 582.

[145] 李习栋，马士华. 考虑风险态度和服务溢出效应双渠道供应链下制造商市场策略 [J]. 工业工程与管理，2018，23（5）：88 – 94.

[146] 浦徐进，李栋栋，孙书省. 考虑实体店服务效应的双渠道供应链协调机制 [J]. 系统管理学报，2018，27（4）：761 – 768.

[147] Dan B, Xu G, Liu C, et al. Pricing policies in a dual-channel supply chain with retail services [J]. International Journal of Production Eco-

nomics, 2012, 139 (1): 312 – 320.

[148] Hu W, Li Y. Retail service for mixed retail and E – tail channels [J]. Annals of Operations Research, 2012, 192 (1): 151 – 171.

[149] 王瑶, 但斌, 刘灿, 张旭梅. 服务具有负溢出效应的异质品双渠道供应链改进策略 [J]. 管理学报, 2014, 11 (5): 758 – 763.

[150] 杨畅, 程硕, 张毕西. 考虑服务负溢出效应的双渠道供应链定价策略研究 [J]. 数学的实践与认识, 2018, 48 (13): 83 – 90.

[151] 李伟, 李凯, 安岗. 考虑渠道势力与服务负溢出效应的双渠道供应链决策研究 [J]. 管理学报, 2017, 14 (5): 767 – 774.

[152] Wu Y, Wang J, Li C. Decisions of supply chain considering chain-to-chain competition and service negative spillover effect [J]. Sustainability, 2019, 11 (6): 1612.

[153] 廖涛, 艾兴政, 唐小我. 链与链基于价格和服务竞争的纵向结构选择 [J]. 控制与决策, 2009, 24 (10): 1540 – 1544, 1548.

[154] 赵海霞, 艾兴政, 唐小我. 链与链基于价格竞争和规模不经济的纵向控制结构选择 [J]. 控制与决策, 2012, 27 (2): 193 – 198.

[155] 何雪峰, 艾兴政. 不确定环境下非对称竞争供应链的纵向结构选择 [J]. 技术经济, 2015, 34 (7): 122 – 128.

[156] 马建华, 艾兴政, 唐小我. 基于延保服务的竞争供应链纵向渠道结构选择 [J]. 系统工程学报, 2015, 30 (4): 539 – 553, 574.

[157] 刘晓婧, 艾兴政, 唐小我. 基于网络外部性与产品替代的链与链纵向结构选择 [J]. 控制与决策, 2016, 31 (5): 863 – 868.

[158] 刘晓婧, 艾兴政, 唐小我. 网络外部性下基于不确定环境的竞争供应链纵向结构选择 [J]. 控制与决策, 2016, 31 (10): 1817 – 1823.

[159] 范莉莉, 艾兴政, 唐小我. 主从竞争链的纵向控制结构选择 [J]. 管理学报, 2013, 10 (4): 597 – 601.

[160] 李薇, 龙勇. 竞争性战略联盟的结构选择模式研究 [J]. 商业研究, 2011 (1): 75 – 82.

［161］黄永，达庆利．基于制造商竞争和产品差异的闭环供应链结构选择［J］．东南大学学报（自然科学版），2012，42（3）：576 –582．

［162］曹宗宏，赵菊，张成堂，闵杰，周永务．品牌与渠道竞争下的定价决策与渠道结构选择［J］．系统工程学报，2015，30（1）：104 –114．

［163］孙嘉轶，姚锋敏，滕春贤．竞争闭环供应链的均衡结构选择模型研究［J］．中国管理科学，2015，23（S1）：551 –556．

［164］Zhao X, Shi C. Structuring and contracting in competing supply chains［J］. International Journal of Production Economics, 2011, 134: 434 –446.

［165］D'Aspremont C, Thisse J. On Hotelling's "stability in competition"［J］. Econometrica, 1979, 47 (47): 1145 –1150.

［166］Mcguire T. W., Staelin R. An industry equilibrium analysis of downstream vertical integration［J］. Marketing Science, 1983, 2 (2): 161 –191.

［167］Choi S. C. Price competition in a channel structure with a common retailer［J］. Marketing Science, 1991, 10 (4): 271 –297.

［168］Tsay A, Agrawal N. Channel dynamics under price and service competition［J］. Manufacturing & Service Operations Management, 2000, 2 (4): 372 –391.

［169］Xing D, Liu T. Sales effort free riding and coordination with price match and channel rebate［J］. European Journal of Operational Research, 2012, 219 (2): 264 –271.

［170］Liu Y, Ding C, Fan C, et al. Pricing decision under dual-channel structure considering fairness and free-riding behavior［J］. Discrete Dynamics in Nature and Society, 2014, 2 (4): 1 –10.

［171］人民网．饿了么合并百度外卖网络订餐"三足鼎立"转向"两强争霸"？［EB/OL］．［2019 –03 –06］http://it. people. com. cn/n1/2017/0825/c1009 –29495861. html.